SASCHA ADAMEK arbeitet seit fünfzehn Jahren als investigativer Journalist für die ARD-Politikmagazine »Monitor« und »Kontraste«. 2008 enthüllte er in dem Bestseller *Der gekaufte Staat* gemeinsam mit Kim Otto den verdeckten Einfluss der großen Energiekonzerne auf die Politik. Diese Macht eines »Staates im Staate« führt Adamek auch im vorliegenden Buch anhand zahlreicher brisanter Fakten und Episoden aus der deutschen Atomgeschichte vor.

Vom Autor ebenfalls bei Heyne lieferbar: *Schön reich. Steuern zahlen die anderen* und *Die facebook-Falle. Wie das soziale Netzwerk unser Leben verkauft.*

Sascha Adamek

DIE ATOM-LÜGE

Getäuscht, vertuscht, verschwiegen:
Wie Politiker und Konzerne die Gefahren
der Atomkraft herunterspielen

WILHELM HEYNE VERLAG
MÜNCHEN

Verlagsgruppe Random House FSC-DEU-0100
Das für dieses Buch verwendete
FSC®-zertifizierte Papier *Holmen Book Cream*
liefert Holmen Paper, Hallstavik, Schweden.

2. Auflage
Originalausgabe 07/2011
© 2011 by Wilhelm Heyne Verlag, München,
in der Verlagsgruppe Random House GmbH
Redaktion: Dr. Annalisa Viviani, München
Umschlaggestaltung: Hauptmann & Kompanie, Zürich
Satz: Buch-Werkstatt GmbH, Bad Aibling
Druck und Bindung: GGP Media GmbH, Pößneck
Printed in Germany 2011
ISBN: 978-3-453-60230-4

www.heyne.de

*Ich widme dieses Buch in Liebe
Anna, Nils, Max und Mélanie*

INHALT

Mururoa, Kosovo, Rheinsberg

Die Befürworter der Atomenergie halten diese für beherrschbar. Dreimal hatte ich in meinem Leben mit Formen angeblich beherrschbarer Radioaktivität zu tun. 1995 badete ich
gerade im südpazifischen Ozean zwölf Seemeilen vor dem
Mururoa-Atoll, als der Kapitän unseres Protestschiffs wütend
von Bord rief: »They've done it these bloody frogs!« Damit
meinte er die französischen Atombombentester. Wir hatten
uns abkühlen wollen, und es war erstaunlich, dass wir von der
Explosion eines Atomsprengsatzes mit der anderthalbfachen
Stärke der Hiroshima-Bombe nichts spürten. Auch nicht davon, dass das Atoll längst einem hochradioaktiven zerbomb-
ten Schweizer Käse glich.

Die französische Regierung behauptet noch heute, die
Atomtests seien beherrschbar gewesen, und leugnet die vielen Strahlenopfer in der Südsee.

2001 war ich mit einer Ärztin von der Organisation Internationale Ärzte für die Verhütung des Atomkrieges (IPPNW)
im Kosovo unterwegs. Ich machte Bilder von einem ausge-
brannten serbischen Panzer. Das Einschussloch in seiner
Außenwand war eindeutig: Die Wand des Panzers war von
einer panzerbrechenden Granate aus abgereichertem Uran
durchschlagen worden. Die von der NATO in Serbien ein-
gesetzten Waffen waren zuvor von den US-Streitkräften im
Zweiten Golfkrieg gegen den Irak eingesetzt und für das mas-
senhafte Auftreten einer Nervenkrankheit bei US-Soldaten

verantwortlich gemacht worden – dem sogenannten Golf-kriegssyndrom. Die Granaten sollen niemanden verstrahlen und sind nur aufgrund ihrer Schwere und Durchschlagskraft attraktiv für das Militär. Sie sind ein Abfallprodukt der soge-nannten friedlichen Nutzung der Kernenergie. Im Kosovo sahen wir Kinder in der Nähe des Panzers spielen. Alles be-herrschbar? Ich verliere beim Gedanken daran gelegentlich noch immer die Beherrschung.

1998 besuchte ich mit einem Kamerateam das stillgeleg-te Atomkraftwerk Rheinsberg, um einen Film über die auf-wendige Demontage des Kraftwerks zu drehen. Der Kame-ramann war sich nicht sicher, ob die Bilder etwas taugten, denn im Okular flimmerte es. »Das ist nur die Strahlung«, sagte unser Begleiter von der Kraftwerksleitung. Bevor wir den Reaktorbereich dann wieder verlassen durften, mussten wir uns einem Radioaktivitätstest unterziehen. Ich stand in einem Metallkäfig und wartete, da erklang ein Alarmsignal: »Kontamination – treten Sie in den Reaktorbereich zurück!« Der Kraftwerksmitarbeiter lachte: »Da haben Sie wohl ein Partikelchen abbekommen, gehen Sie noch einmal zurück und fahren Sie sich mal durch die Haare.« Wenn das nicht genüge, müsse ich zurück und duschen, erst dann dürfe ich heraus.

Der Trick mit den Haaren funktionierte. Aber mir war nicht zum Lachen zumute. Der Abriss dieses Kraftwerks in Rheinsberg dauert noch immer an – erst in dreißig Jahren kann das Gebäude wegen der Verstrahlung vollends abgeris-sen werden. Bereits 420 Millionen Euro sind für den Rückbau an Steuergeldern verbraucht worden.

In diesem Buch werde ich über die menschlichen und fi-nanziellen Kosten der Atomenergie berichten – einer Energie, die von der schwarz-gelben Bundesregierung als beherrschbare, billige und saubere »Brückentechnologie« propagiert wird – als habe es Harrisburg, Tschernobyl und Fukushima nie gegeben – und eine Technologie, der ausgerechnet die erste rot-grüne Bundesregierung in Deutschland im Jahr 2000 eine zwei Jahrzehnte lange Galgenfrist eingeräumt hatte.

Die teuerste Lüge der Menschheit oder:
Was kostet ein Mensch?

Während in Japan Menschen an den Folgen der verheerenden Atomkatastrophe sterben, verändern sich in Deutschland die politischen Mehrheitsverhältnisse. Eine stets atomgläubige Kanzlerin unternahm den Versuch, unter dem Druck der Ereignisse kurz vor der wichtigsten Landtagswahl des Jahres in Baden-Württemberg zur Ausstiegskanzlerin zu mutieren. Sie verhängte ein Moratorium für die von CDU/CSU und FDP beschlossene Verlängerung der deutschen AKW-Laufzeiten um durchschnittlich zwölf Jahre. Sie sprach im Wahlkampf von Baden-Württemberg plötzlich von einem schnelleren Ausstieg als unter Rot-Grün. Die Wähler glaubten ihr diese Camouflage nicht. Aber was folgt nun daraus?

Dieses Buch soll in der Debatte um das Wie und Ob des längst überfälligen Totalausstiegs aus der Atomkraft einen Lügendetektortest für Politiker bieten: Ist die Botschaft von Fukushima tatsächlich in den Köpfen aller Parteien angekommen oder wird – wie nach Tschernobyl – trotzdem wieder mit den Atomkonzernen gekungelt?

Dieses Buch erzählt die Geschichte einer Technologie, an die unsere Industriegesellschaften jahrzehntelang wie an eine Religion glaubten. Und es beschreibt, wie aus dem Glauben Lügen wurden. Spätestens seit der Kernschmelze von Harrisburg 1979 hätte den Verfechtern dieser Energiegewinnungsform klar sein müssen, dass der Mensch diese Technologie nicht beherrschen wird, geschweige denn verstehen: Wochenlang haben wir ähnliche Bilder von den explodierten Meilern in Fukushima gesehen. Trotz der Selbstmordkommandos von Arbeitern und Feuerwehrleuten, die den Reaktor besprühten, meldeten Medien immer wieder schwarzen Rauch: »Der Rauch über Block 3 stammt der japanischen Atomsicherheitsbehörde zufolge aus dem Reaktorgebäude. Die Ursache sei unklar.«[1] Fassungslos lasen wir, dass Japan die Katastrophe anfänglich mit der Stufe 4 auf der 8-stufigen internationalen Skala von 0 bis 7 für Atomereignisse meldete. Stufe 4 beschreibt das *Handbuch der Gesellschaft für Anlagen- und Reaktorsicherheit* wie folgt: »Unfall – geringe Freisetzung: Strahlenbelastung der Bevölkerung etwa in der Höhe der natürlichen Strahlenbelastung.«[2] Erst nachdem Atomexperten in den USA und die französische Atombehörde den Reaktorunfall in Stufe 6 von 7 möglicher Atomunfälle einordneten (»Schwerer Unfall – erhebliche Freisetzung: Voller Einsatz der Katastrophenschutzmaßnahmen«), stufte Japan am siebten Tag der Katastrophe den Unfall von Stufe 4 auf lediglich 5 hoch: »Ernster Unfall – begrenzte Freisetzung: Einsatz einzelner Katastrophenschutzmaßnahmen«. Wir hörten, dass das Trinkwasser in der Millionenmetropole Tokio für Babys zu radioaktiv sei, für Kleinkinder und Erwachsene hingegen nicht – aber was können wir überhaupt glauben? Erst exakt einen Monat nach der ersten Meldung über den nuklearen Notstand waren die japanischen Behörden bereit, die Vorgänge mit Stufe 7 als das zu melden, was sie sind: ein »katastrophaler Unfall«. Die Informationspolitik des demokratischen Staates Japan ist ähnlich desaströs wie einst die der Sowjetunion nach Tschernobyl. Und sie setzt das Leben Zehntausender Menschen aufs Spiel. Die Nuklearindustrie verhält sich weltweit wie ein Staat im

Staat – wie ich in diesem Buch schildern werde – auch in Deutschland.

Die Verharmlosung hat selbst in der Katastrophe noch Methode. Die Atombefürworter aus den Konzernetagen sowie aus der Union und FDP verstummten nach anfänglichen Beschwichtigungsversuchen schnell – nicht zuletzt, weil sie ahnten, dass die schwarz-gelbe Atompolitik bei den Landtagswahlen in Baden-Württemberg 2011 abgestraft werden würde. Bei der Laufzeitverlängerung der Regierung Merkel ging es für die Energiekonzerne um viel Geld – bis zu 200 Milliarden zusätzlicher Gewinne konnten sie sich versprechen. Um dieses Ziel zu erreichen, waren die Propagandaabteilungen der Atomlobby 2010 noch einmal zu Hochform aufgelaufen. Sie warnten wie eh und je vor Versorgungsengpässen für den Fall des Atomausstiegs, vor dem Niedergang des Industriestandorts Deutschlands und vor steigenden Strompreisen und der Klimaerwärmung.

Als Reaktion auf die Atomkatastrophe von Japan verkündete die Bundeskanzlerin aber ein dreimonatiges Moratorium der geplanten Laufzeitverlängerung – ein schönes Wort, das sich vom lateinischen Verb »morari« ableitet und nichts anderes als verzögern bedeutet. Dass Angela Merkel mit der Durchsetzung der ohnehin verfassungsrechtlich umstrittenen Laufzeitverlängerung nun drei Monate warten wollte, hielten nach Umfragen auch viele Bürger für ein reines Wahlkampfmanöver. Und Bundeswirtschaftsminister Rainer Brüderle von der FDP gab das am Tag der ersten Explosion in Fukushima im erlauchten Kreis von vierzig Topmanagern von Deutschlands wichtigsten Konzernen in der Zentrale des Bundesverbands der Deutschen Industrie sogar offen zu – allerdings war das nicht für die Öffentlichkeit bestimmt.[3] Als über den Ticker die Meldung über das geplante dreimonatige

Moratorium kam, machte sich große Unruhe insbesondere unter den Energiemanagern breit. Laut einem internen Protokoll, das die *Süddeutsche Zeitung* veröffentlichte, verlangten die Manager eine Erklärung zu dem überraschenden Moratorium: »Der Minister bestätigte dies und wies erläuternd darauf hin, dass angesichts der bevorstehenden Landtagswahlen Druck auf der Politik laste und die Entscheidungen daher nicht immer rational seien.«

Die zahlreichen Lügen der Atomlobby werden in diesem Buch genauso entlarvt wie die Lügen der Politik – und das seit Tschernobyl und dem sogenannten rot-grünen Atomausstieg im Jahr 2000, der sich kaum zehn Jahre später als Überbrückungsmaßnahme für die deutsche Atomindustrie und ihre Jahrzehnte alten Reaktoren entpuppt hat. Vor allem soll anhand konkreter Beispiele des »Normalbetriebs« eines AKWs sowie erfolgter Katastrophen eine Rechnung aufgestellt werden, die die Atombranche weltweit scheut: Was kostet uns diese Energie wirklich? Und wer profitiert?

Wer die Debatten von Ökonomen, Politikern und Verbraucherschützern über den Ausstieg in den vergangenen Monaten verfolgte, konnte beinahe den Eindruck bekommen, es gehe in dieser Frage nur um den Strompreis von Privathaushalten und Industrie, um Arbeitsplätze und den Industriestandort Deutschland. Der Preis, den Menschen für die »friedliche Nutzung der Kernenergie« zahlen, ist aber nicht nur finanzieller Natur – denken wir an die Milliardensubventionen für die Atomwirtschaft. Hunderttausende Menschen haben bereits mit der Zerstörung ihrer Gesundheit zahlen müssen.

Im nicht nuklearen Alltagsleben lassen sich Angriffe auf die körperliche Unversehrtheit sogar in Zahlen ausdrücken: Für den Verlust einer Milz billigte das Landgericht Aachen dem Opfer einer Messerstecherei ein Schmerzensgeld von 9200 Euro zu.[4] Für ein Auge berechnete das Oberlandesgericht Zweibrücken 30 000 Euro Schmerzensgeld; ein Arm war dem Landgericht Arnsberg 45 000 Euro, ein Bein dem Oberlandesgericht Hamm 125 000 Euro wert. In den USA hätten solche unverschuldeten Organ- oder Extremitätenverluste die Opfer zu Dollarmillionären gemacht. Aber den Verlust von Lebensqualität finanziell auszudrücken, ist nicht nur eine sehr willkürliche Angelegenheit, sondern folgt – global gesehen – äußerst unterschiedlichen Kriterien. Denn was ist der Preis für ein Menschenleben?

Rund 600 000 bis 800 000 Feuerwehrleute, Bergarbeiter und Soldaten versuchten zum Teil noch Jahre nach Beginn der Katastrophe von Tschernobyl, die weitere Verstrahlung ganzer Landstriche zu stoppen. Rund 100 000 dieser sogenannten »Liquidatoren« sind bereits tot, und überlebende Kranke kämpfen seit Jahren um eine angemessene Entschädigung – und um Anerkennung. Hunderttausenden mangelt es sogar an der notwendigen Behandlung. Von den noch ungeborenen Spätopfern der Verstrahlung ganz zu schweigen. Geschätzte 200 000 Menschen in Russland, Weißrussland und der Ukraine hat die Kernschmelze bis heute das Leben gekostet.[5] Im Auftrag von Greenpeace haben Wissenschaftler und Mediziner aus den betroffenen Ländern Statistiken und Studien über tatsächliche Opfer zusammengetragen, Zahlen, die nie von der Internationalen Atomenergiebehörde (IAEO) abgefragt worden sind – ihre bloße Veröffentlichung hätte die atomenergiefreundliche Ausrichtung dieser Organisation auch ad absurdum geführt. Die Zahlen dieser Studien belegen schonungslos die tatsächlichen Qualen der Menschen nach dem Super-GAU von Tschernobyl: Zwischen 1990 und 2000 stieg die Zahl aller Krebserkrankungen in ganz Weißrussland um 40 Prozent an – in den stark kontaminierten Gebieten deutlich höher.

In Russland lag die Krebshäufigkeit in verstrahlten Regionen wie Brjansk um das 2,7-Fache höher als in weniger verseuchten Gebieten. In der Region um die ukrainische Stadt Shitomir, rund 150 Kilometer von Tschernobyl entfernt, stieg der Anteil von Erwachsenen, die an Krebs erkranken, von 1986 bis1994 um fast das Dreifache an. Insbesondere sei die Zahl von Schilddrüsenkrebserkrankungen dramatisch angestiegen, heißt es in der Greenpeace-Studie: »Kinder, die zum Zeitpunkt, an dem sie der radioaktiven Strahlung ausgesetzt waren, 0 bis 4 Jahre alt waren, erwiesen sich als besonders anfällig für diese Krebsart. Vor der Katastrophe betrug die Schilddrüsenkrebsrate bei Kindern und Jugendlichen im Mittel 0,09 Fälle pro 100 000. Nach 1990 stieg die Häufigkeit auf 0,57 bis 0,63 Erkrankungen je 100 000 an.« Ähnlich dramatisch ist die Entwicklung bei Leukämie: »Die Leukämierate bei Kindern in der Region Tula überstieg in der Zeit nach dem Unfall von Tschernobyl signifikant die durchschnittlichen Raten für Russland, insbesondere in der Altersgruppe von zehn bis vierzehn Jahren. In Lipetsk stieg die Zahl der Leukämiefälle zwischen 1989 und 1995 um das 4,5-Fache.« Hinter diesen Zahlen stehen menschliche Schicksale: kranke Kinder, sterbende Kinder, nie geborene Kinder, und noch immer werden Kinder mit Fehlbildungen geboren – als Folge der Verstrahlung ihrer Eltern. Diese Schreckenszahlen werden in Zukunft weiter nach oben korrigiert werden müssen, denn noch immer leben weit mehr als fünf Millionen Menschen in radioaktiv kontaminierten Gebieten. Aber diese Hunderttausende von Opfern waren nicht gegen Atomunfälle versichert – auch die staatlichen Kernkraftwerke nicht.

Auch die 17 deutschen Atomkraftwerke sind übrigens alle

zusammen nur bis zu maximal 2,5 Milliarden Euro durch die Konzerne selbst versichert – alles, was im Fall eines GAUs über diese Schadensgrenze hinausgeht, trägt der Staat, also wir Steuerzahler. Die Kosten eines Super-GAUs in unserem dicht besiedelten Mitteleuropa werden auf fünf Billionen Euro geschätzt – so errechnete es die Prognos AG im Auftrag des damals FDP-geführten Bundeswirtschaftsministeriums 1992. Die Versicherungsgrenze von 2,5 Milliarden für alle Atomkraftwerke hat da eher einen symbolischen Charakter. Den leider 2010 verstorbenen SPD-Energie-Experten und Träger des Alternativen Nobelpreises Hermann Scheer hat das zu einem anschaulichen Vergleich animiert: »Das ist so, als ob 17 Autofahrer Vollkasko bekommen, obwohl nur einer bezahlt.«[6] Ob Hunderttausende von Menschen im Fall einer Katastrophe die notwendige Hilfe oder – wenn man dieses Wort überhaupt verwenden sollte – Schadensregulierung erhalten oder nicht, hängt dann vom Gutdünken und den vorhandenen Haushaltsmitteln des Staates ab, in dem die Katastrophe stattfindet. Ein Vierteljahrhundert nach der Tschernobyl-Katastrophe verschlingen die Nachfolgekosten noch immer rund 5 Prozent des gesamten Bruttoinlandprodukts in der Ukraine.

Die Risiken der Atomwirtschaft trägt nicht die Atomwirtschaft, denn sie fände genauso wenig eine Versicherung auf dem freien Markt wie ein Autofreak, der seinen alten zerbeulten Golf 1 – ohne Türen und funktionierendes Licht zu versichern suchte. Insofern braucht die milliardenschwere Versicherungswirtschaft auch durch Fukushima keinen Super-GAU für ihre Bilanzen zu befürchten. Die weltweit operierende deutsche Rückversicherung Munich Re jedenfalls verkündete kurz nach dem Einsetzen der Fukushima-Katastrophe, ihr drohten keine größeren Verluste. Denn erstens sei die Versicherungsdichte in den Erdbebengebieten geringer als anderswo in Japan, und zweitens biete man gegen die Folgen atomarer Unfälle ohnehin keinen Versicherungsschutz. Nikolaus von Bomhard sagte dazu der *Welt am Sonntag:* »Für die Versicherungsbranche wäre eine weitergehende Risikoübertragung wegen der Addition möglicher Schäden nicht verantwortbar.« Der Grund dafür liegt auf der Hand: Versicherungen gleichen das eigene Verlustrisiko mit den statistischen Eintrittswahrscheinlichkeiten von Schadensfällen ab. Skiunfälle, Haushalts- oder Autounfälle, Zugunglücke oder Seilbahnabstürze werden von Versicherungen reguliert – und sogar Extrembergsteiger, Autorennfahrer und Paraglider finden eine Versicherung. Anders verhält es sich bei den rund um den Globus verteilten 443 Atomreaktoren (Stand April 2011). Statistiker und Ingenieure quälten im Auftrag der Atomlobby jahrzehntelang ihre Zahlen so lange, bis sie der Öffentlichkeit von verschwindend geringen Unfallwahrscheinlichkeiten künden konnten. So hieß es noch 1979, eine Kernschmelze mit massenhaftem Austritt von Radioaktivität könne in deutschen (!) Reaktoren nur alle zwei Milliarden Jahre vorkommen – obwohl einige deutsche Reaktoren nur wenige Jahre jünger sind als die in Fukushima-Daiichi. Das sogenannte Restrisiko – eine empörende Verharmlosung – eines Super-GAUs hat keine wirklich vorstellbare Größenordnung, darum lässt sich dieses Spiel mit dem atomaren Höllenfeuer auch nicht versichern. Und selbst bei den mittelbaren Katastrophenfolgen – etwa im Fall Japans den Produktionsstopps von Autofirmen – hält sich Munich Re lieber zurück. Es komme auf jede einzelne Police an.

Letztlich tragen wir als Steuerzahler und Verbraucher die Folgen solcher Unfälle, während Banken und Kreditversicherer an den teuren Investitionen der Atombranche kräftig mitverdienen. Wie diese Geldströme in Form von Milliardengewinnen und versteckten Subventionen verlaufen und welche Politiker sie ermöglichten, versucht dieses Buch offenzulegen. Wer aber zum Taschenrechner greifen möchte, um auszurechnen, wie die tödliche Bilanz der Nuklearindustrie am Ende aussieht, sollte ihn lieber in der Schublade lassen. Die Kosten eines Super-GAUs enden nie – wie uns Tschernobyl lehrt. Die ultimative Rechnung muss das Buch übrigens auch schuldig bleiben: den Preis eines Menschenlebens. Er ist, denke ich, unschätzbar.

1

Diese Katastrophe war das »absolut Unwahrscheinliche«

Wie der Glaube an das Restrisiko zur Lüge wurde

Es ist der Nachmittag des 28. Juni 2007. In der Reaktorwarte des Atomkraftwerks Krümmel, rund 34 Kilometer vom Zentrum der Freien und Hansestadt Hamburg entfernt, erklingt ein Warnton. Ein Kurzschluss im Transformator wird gemeldet. Die sogenannte Resa – die Reaktorschnellabschaltung – erfolgt automatisch. Während sich die Menschen in Hamburg über ausgefallene Ampeln und stillstehende Maschinen wundern, sehen die Männer in der Reaktorwarte auf den Monitoren plötzlich Rauch am Transformatorgebäude. Infolge des Kurzschlusses fällt auch der zweite Transformator aus. Der Dieselmotor des Notstromaggregats springt vorsorglich an, damit das Atomkraftwerk nicht ohne Strom bleibt. Das AKW geht auf das Reservestromnetz. Obendrein beginnt der Wasserstand des Kühlwassers zu sinken – als Folge eines Programmierfehlers, wie sich später herausstellt. Als der Schichtleiter feststellt, dass der Wasserstand immer weiter abfällt und der Druck steigt, lässt er den Reaktorfahrer per Hand ein Ventil öffnen. Kurz darauf deutet der Reaktorfahrer eine Ansage des Schichtleiters falsch und lässt das Ventil weiter offen.

Der Wasserstand fällt weiter bis zwei Meter über der kritischen Marke. Nun springen die Pumpen wieder an, das Wasser kann wieder aufgefüllt werden. In der Kraftwerkswarte werden Atemmasken verteilt, denn der Trafobrand auf dem Gelände erzeugt eine riesige schwarze Rauchfahne, hinter der die Gebäude gespenstisch verschwimmen. Ein Mann setzt die Maske auf. Mittlerweile laufen die Drähte zwischen der externen Atomaufsicht des Landes Schleswig-Holstein und dem Betreiber heiß. Im zwei Kilometer entfernten Geesthacht essen die Menschen weiterhin unbekümmert ihr Eis – sie erfahren zunächst nichts. Manager des Atomkraftwerksbetreibers Vattenfall treffen sich noch am gleichen Abend zu einer Krisensitzung in Berlin. Die Geschichte geht glimpflich aus, doch ist es eine Geschichte aus dem Alltag deutscher Atomkraftwerke. Das »Ereignis«, wie die Nuklearbranche solche Vorfälle nennt, wird von Behörden und Betreiber sogar nur auf Stufe 0 auf der achtstufigen Skala der »International Nuclear Event Scale« vermerkt. Er gilt technisch als »Ereignis« und nicht einmal als »Störfall«. Nach Auffassung der Gesellschaft für Anlagen- und Reaktorsicherheit hat dieser Tag »keine oder nur eine sehr geringe sicherheitstechnische Bedeutung«. Er kann abgehakt werden. Immerhin landet der Brand noch in der Tagesschau. Was lernen wir aus dieser Episode? Technisches Versagen, Missverständnisse oder falsche Ansagen unter dem Bedienpersonal gehören für die Atombranche zum Alltag ihres Geschäfts. Es ist ein Risikogeschäft, aber auch das haben die Herren der Reaktoren nach ihrer eigenen Vorstellung im Griff.

Dreieinhalb Jahre später – der 17. März 2011. Es ist der siebte Tag der Nuklearkatastrophe in Fukushima. Nach Explosionen in zwei Reaktoren kämpfen Arbeiter in Japan gegen die einsetzende Kernschmelze und den immer wahrscheinlicher werdenden Super-GAU. Bundeskanzlerin Angela Merkel tritt mit ernster Miene ans Rednerpult im Bundestag. In ihrer Regierungserklärung spricht sie von »Entsetzen, Fassungslosigkeit, Mitgefühl und Trauer« und einer Katastrophe mit »geradezu apokalyptischem Ausmaß«. Schnell kommt sie auf die deutschen Kernkraftwerke zu sprechen: »Ja, es bleibt wahr, wir wissen, wie sicher unsere Kernkraftwerke sind, sie gehören zu den weltweit sichersten, und ich lehne es auch weiter ab, zwar die Kernkraftwerke in Deutschland abzuschalten aber dann Strom aus Kernkraftwerken anderer Länder zu beziehen. Das ist mit mir nicht zu machen.« Die Abgeordneten von Union und FDP applaudieren lange, »Trauer« und »Entsetzen« sind bereits verflogen. Einige Minuten später aber setzt Angela Merkel an, eine Entscheidung zu verkünden: »Wenn also in einem so hochentwickelten Land wie Japan das scheinbar Unmögliche möglich, das absolut Unwahrscheinliche Realität wurde, dann verändert das die Lage. Dann haben wir eine neue Lage.« Unter Berufung auf das eingetretene »absolut Unwahrscheinliche« verkündet Angela Merkel, dass Reaktoren, die vor 1980 in Betrieb gegangen sind, für drei Monate vom Netz genommen und überprüft werden sollen. Das betrifft die ältesten Reaktoren Philippsburg 1 (1979), Isar 1 (1979), Unterweser (1979), Neckarwestheim 1 (1976), Biblis A (1975), Biblis B (1977). Das Altkraftwerk Brunsbüttel und der Reaktor in Krümmel sind wegen dauernder Pannenprobleme schon länger vom Netz. Die Bundeskanzlerin begründet das mit dem Atomgesetz, das eine vorläufige Stilllegung zulasse, wenn »Schadensereignisse« sich nicht völlig ausschließen lassen. Aber ist das wirklich eine neue Lage? Als Bundesumweltministerin unter Kanzler Helmut Kohl hatte die gelernte Physikerin Angela Merkel vier Jahre lang den Betrieb von Atomkraftwerken in Deutschland befürwortet und verantwortet. 1997 hat sie zum Beispiel dem grün geführten hessischen Umweltministerium per bundesrechtlicher Weisung verboten, dem RWE-Altmeiler Biblis A die Betriebsgenehmigung zu verweigern und Entsorgungsnachweise einzufordern.[1] Biblis A hatte schon damals mehrere Hundert Störungen zu verzeichnen. Bundesumweltministerin Merkel war es auch, die eine »funktionale« Privatisierung der Endlagerung hochradioaktiver, abgebrannter Brennelemente in das Atomgesetz schreiben ließ.[2] Sie war eine eifrige und knallharte Anhängerin der Kernenergie: »Spitzentechnologie kann man nicht als Auslaufmodell betreiben, dann kommt die Sicherheit zu kurz«, sagte Ministerin Merkel 1998 zu den Atomausstiegsplänen von SPD und Grünen im Wahlkampf.[3] Seit dem 15. November 2005 war sie dann als Bundeskanzlerin fünf Jahre, vier Monate und zwei Tage lang für die Aufsicht von 17 deutschen Atomkraftwerken politisch verantwortlich bis zum Tag von Fukushima – und plötzlich sollte alles anders sein?

Es gibt Worte, die lügen, sobald sie gedruckt oder ausgesprochen werden. Zum Beispiel »Kollateralschaden« für angeblich versehentlich getötete Zivilisten in einem Krieg. Zu dieser Kategorie gehört auch das Wort »Restrisiko«. Im *Lexikon der Kernenergie* des Forschungszentrums Karlsruhe wird es wie folgt erklärt: »Nicht näher zu definierendes, noch verbleibendes Risiko nach Beseitigung bzw. Berücksichtigung aller denkbaren quantifizierten Risiken bei einer Risikobetrachtung.«[4] Wir halten fest: Dieses Risiko ist im Grunde nicht »näher zu definieren«, und es beschreibt all das, was geschehen kann, nach Abzug »aller denkbaren quantifizierbaren Risiken«. Und die undenkbaren Risiken? In dieser Hinsicht fallen beinahe jeder Atomunfall und zahlreiche Störfälle in die Kategorie »Restrisiko«, denn es geschahen Dinge, die zuvor nie »gedacht« wurden – weder von Ingenieuren noch von Politikern. Unter dem Strich ist das Wort »Restrisiko« also eine elegante Art, im Nachhinein auf das Ungedachte verweisen zu können, um nicht der Lüge überführt zu werden. In dieser Tradition steht auch die Physikerin und Bundeskanzlerin Angela Merkel, die sich in ihrer Regierungserklärung nach Fukushima überrascht gab, dass »das absolut Unwahrscheinliche« passiert sei – wider besseres Wissen, wie wir noch erfahren werden. Weil dieses Propagandamittel aber so viele Jahrzehnte gut funktioniert hat – und auch nach Fukushima gern eingesetzt wird –, sollten wir uns kurz mit der Geschichte des Wortes vertraut machen.

Mit dem »Restrisiko« argumentiert die Atomlobby seit es die Anti-AKW-Bewegung gibt und insbesondere, seit schwere Kernschmelzen die Argumentation einer verschwindend geringen Wahrscheinlichkeit von Atomunfällen ins Wanken brachte. Aber wie haben es Ingenieure und Statistiker überhaupt angestellt, ein »Restrisiko« in Zahlen zu gießen? Die Gesellschaft für Anlagen- und Reaktorsicherheit (GRS) ist eine gemeinnützige technisch-wissenschaftliche Forschungs- und Sachverständigenorganisation, die im Auftrag der Bundesministerien für Umwelt, Naturschutz und Reaktorsicherheit (BMU), für Wirtschaft und Technologie (BMWi), für Bildung und Forschung (BMBF), des Auswärtigen Amts sowie des Bundesamts für Strahlenschutz (BfS) die Sicherheit nuklearer Anlagen bewerten und weiterentwickeln soll. Bereits im Herbst 1979 legte sie eine umfassende Risikoanalyse über die Kernkraftwerke vor. Und zwar zu einer Zeit, die für die Atomlobby alles andere als gemütlich war, denn wenige Monate zuvor war es im Atommeiler Three Miles Island bei Harrisburg in den USA zu einem Kernschmelzunfall gekommen, der die Welt lange in Atem hielt – übrigens ein Reaktor, der, gerade mal drei Monate jung, wegen technischer Schwierigkeiten nicht einmal vollständig hochgefahren war.[5] Dort hatten Arbeiter bei einer Reparatur drei Ventile versehentlich zugedreht. Als der Reaktor wieder hochgefahren wurde, fielen zwei Speisewasserpumpen aus. Daraufhin wurde die Hitze aus dem Reaktor nicht mehr zu den Dampferzeugern weitergeleitet. Innerhalb von 15 Sekunden stiegen die Hitze und der Druck im Reaktordruckbehälter, so dass automatisch das Notsystem zur Speisewasserzuführung aktiviert wurde. Doch nichts geschah, denn die drei Ventile waren ja versehentlich geschlossen. Der Reaktor schaltete sich automatisch ab, aber zwei Techniker schalteten die nun einsetzenden Kühlwasserpumpen manuell ab – aufgrund einer falschen Druckanzeige. Bereits am Nachmittag schossen insgesamt 1 Million Liter hochradioaktiven Wassers aus dem Druckbehälter. Der Chef des Betreiberkonzerns Edison, John G. Herbein, erklärte daraufhin wartenden Reportern: »Ich würde dies keinen ernsthaften Unfall nennen.« Es kam zu einer Kernschmelze im Reaktor, der jahrelang nicht für Aufräumarbeiten betreten werden konnte. Die Bundesregierung aus SPD und FDP verkündete damals, sofortige Konsequenzen für deutsche Atomkraftwerke müssten aus dem Unfall nicht gezogen werden.[6] Diese Haltung fügte sich in eine Zeit, in welcher der Glaube an die Atomenergie in bewusste politische Lügen mündete.

Trotz dieses Unfalls ließen sich die Meister der Statistik und der technologischen Prophetie nicht in ihrem Glauben an die Sicherheit der Atomenergie beirren. Der *Spiegel* schrieb im August 1979: »Viereinhalb Monate nach der Beinahe-Katastrophe am amerikanischen Atomkraftwerk Three Miles Island scheint das Menetekel von Harrisburg zur Bedeutungslosigkeit verblasst.«[7] Professor Adolf Birkhofer, langjähriger Geschäftsführer der Gesellschaft für Anlagen- und Reaktorsicherheit übergab damals die erste *Deutsche Risikostudie* über die Sicherheit von Atomkraftwerken an die Bundesregierung. Darin war errechnet worden, eine Kernschmelze sei in einem deutschen Reaktor statistisch alle 10 000 Reaktorbetriebsjahre zu erwarten.

Eine Katastrophe
alle zwei Milliarden Jahre

Zu dieser Zeit waren etwa 250 Reaktoren weltweit am Netz, was bedeutet: Auf den gesamten Reaktorbestand gerechnet, müsste es rein statistisch alle 40 Jahre zu einer Kernschmelze kommen – jedenfalls wenn man eine bei allen Reaktoren gleiche Unfallwahrscheinlichkeit annimmt. Damit wiederum lagen die Wissenschaftler gar nicht so falsch, denn der Unfall von Harrisburg 1979 ereignete sich exakt 25 Jahre, nachdem das erste zivile Atomkraftwerk der Welt 1954 ans Netz ging. In einem weiteren Punkt lagen die atomfreundlichen Wissenschaftler 1979 vollends falsch: Nur bei jeder Hundertsten dieser Kernschmelzen sei auch mit einer Freisetzung von Radioaktivität zu rechnen, schrieben sie. Nukleare Verseuchungen seien also nur alle 1 Million Reaktorbetriebsjahre zu befürchten – sprich alle 4000 Jahre auf alle Reaktoren weltweit gerechnet. Und dass es zu einem katastrophalen Unfall wie kurz darauf in Tschernobyl komme, hielten die atomfreundlichen Statistiker im Jahr 1979 nur alle 2 Milliarden Jahre für wahrscheinlich – also schlicht für ausgeschlossen. Die Unfälle von Tschernobyl nur 7 Jahre später und in mehreren Reaktoren in Fukushima 25 Jahre später lassen jedoch derartige Wahrscheinlichkeitsberechnungen fragwürdig erscheinen. Es sei denn, man nehme an, nach den Unfällen von Harrisburg,

Tschernobyl und Fukushima komme es nun 8 Millionen Jahre lang zu keiner Atomkatastrophe mehr.

Dass allerdings Kernschmelzunfälle in der Regel auch zum Bersten des Reaktors beziehungsweise zur katastrophalen Verseuchung führen, zeigten die beiden Unfälle in Tschernobyl 1986 und Fukushima 2011. Die Wissenschaft des »Restrisikos« glich eher einer Ideologie oder Religion. Das belegen auch die persönlichen Äußerungen ihrer Verfechter. Der Chef der Gesellschaft für Anlagen- und Reaktorsicherheit, Adolf Birkhofer, soll damals gesagt haben, die Wahrscheinlichkeit für jeden Bundesbürger, Opfer eines tödlichen Verkehrsunfalls zu werden sei tausendmal größer als das Risiko, bei einem Reaktorunglück zu sterben. Der Tübinger Theologe Hans Küng beschreibt diese Wissenschaftsgläubigkeit sehr treffend: »Jede Wissenschaft, und sei sie die exakteste oder tiefschürfendste, die sich selbst verabsolutiert, macht sich vor dem Ganzen lächerlich und wird leicht gemeingefährlich.«[8] Wenn den Atomkraftverfechtern in den 70er und 80er Jahren angesichts von Störfällen und Unfällen die Argumente ausgingen, griffen sie zur »Restrisiko«-Lüge und bedienten sich dabei eines zynischen Plaudertons. In den USA verstiegen sich Nuklearwissenschaftler öffentlich zu der Behauptung, die Wahrscheinlichkeit, von einem Meteoriten getroffen zu werden, sei höher als durch einen Nuklearunfall zu sterben. Und der bayerische Ministerpräsident Franz-Josef Strauß donnerte den Gegnern der geplanten nuklearen Wiederaufarbeitungsanlage in Wackersdorf in den 80er Jahren entgegen, eine solche Anlage und der damit verbundene Einstieg in die Plutoniumwirtschaft seien sicherer als eine Fahrradspeichenfabrik. Zu dieser Nuklearlyrik griff auch die damalige Bundesumweltministerin Angela Merkel, um die ihrer Ansicht nach »beherrschbare Technik« zu verteidigen: »Wenn

Sie einen Kuchen backen, geht auch nicht alles nach Rezept, da fällt schon mal ein Mehlstäubchen ab. Ja und?«[9]

In diese Geschichte der Verharmlosung reihte sich in den 70er und 80er Jahren auch die Gesellschaft für Anlagen- und Reaktorsicherheit ein. Die GRS-Experten errechneten, dass bezogen auf alle damals 25 Reaktoren an 19 Standorten mit etwa 10 Fällen von akuter Strahlenbelastung pro Jahr zu rechnen sei – Fälle mit kurz- oder langfristiger Todesfolge. Zehn statistisch errechnete Tote als Folge einer gigantischen Energieerzeugung klingen harmlos. Denn natürlich bietet eine solche Zahl den Atomkraftlobbyisten viele Vergleiche: So starben zum Beispiel im Jahr 2009 allein durch die Autotechnologie 4050 Menschen bei Verkehrsunfällen in Deutschland.[10] Was sind dagegen zehn statistische Tote im Jahr durch die Atomkraft? Vergleiche dieser Art wurden aber Land auf, Land ab bemüht, um die zunehmende Zahl von Atomkraftgegnern unglaubwürdig oder gar lächerlich zu machen.

Die damals publizierten minimalen Todeszahlen durch Atomunfälle hatten noch einen weiteren Effekt. Sie ließen die Öffentlichkeit in dem Glauben, der unfallfreie Normalbetrieb eines Atomkraftwerks fordere keine Opfer. Ein Irrtum. In einer großangelegten Studie, gefördert durch das Bundesamt für Strahlenschutz, ging das *Deutsche Krebsregister* dem seit Jahrzehnten gehegten Verdacht nach, dass Kinder in der Nähe von Atomkraftwerken häufiger an Leukämie erkranken. Die regionalen Häufigkeiten dieser Krankheit wurden im Abstand von 5, 10 und 50 Kilometern rund um alle Atomkraftwerke in Deutschland mit den Häufigkeiten in Gegenden ohne Atomkraft verglichen. Die Zusammenfassung des Bundesamts für Strahlenschutz liest sich erschreckend: »Das Risiko für 0- bis 4-jährige Kinder, an Leukämie zu erkranken, nimmt zu, je näher ihr Wohnort an einem Kernkraftwerksstandort liegt.

Das ist das Ergebnis einer Untersuchung des Deutschen Kinderkrebsregisters in Mainz, die im Auftrag des Bundesamtes für Strahlenschutz durchgeführt wurde. Im Umkreis von 5 Kilometern um die Reaktoren wurde im Untersuchungszeitraum von 1980 bis 2003 festgestellt, dass 37 Kinder neu an Leukämie erkrankt sind. Im statistischen Durchschnitt wären 17 Fälle zu erwarten gewesen. Etwa 20 Neuerkrankungen sind also allein auf das Wohnen in diesem Umkreis zurückzuführen.«[11] Eine konkrete Ursachenkette von den Strahlenemissionen aus der Abluft der Atomkraftwerke zu den Erkrankungen konnten die Wissenschaftler noch nicht nachweisen.

Doch zurück zur Risikoforschung durch die Gesellschaft für Anlagen- und Reaktorsicherheit. 1989, also drei Jahre nach der Katastrophe von Tschernobyl, schrieb die GRS die *Deutsche Risikostudie* von 1979 fort. Und wieder hantierten die Experten mit Wahrscheinlichkeiten des Unfassbaren, obwohl genau das Unfassbare kurz zuvor geschehen war. So schätzten sie nun das Risiko, dass es in deutschen Kernkraftwerken zu einem Kernschmelzunfall komme mit einer Wahrscheinlichkeit, beziehungsweise »Häufigkeit«, wie Wissenschaftler sagen, von 1 zu 33 000 pro Jahr ein. Das war gegenüber der Zahl von 1979 keine unbedingt große Verbesserung. Also fügte man noch eine weitere Rechnung hinzu. Jetzt wurden auch »anlageninterne Notfallmaßnahmen« eingerechnet, die in der alten Studie nicht berücksichtigt worden waren. Und schon hatte man eine wohlklingendere Formel: Das Risiko betrug nun $3{,}6 \times 10^{-6}$, also 1 zu 278 000.[12]

Immerhin waren die Wissenschaftler 1989 in einem heiklen Punkt vorsichtiger: Ihre Wahrscheinlichkeitsberechnung bezog sich nur auf Kernschmelzen, nicht aber auf den damit verbundenen Austritt von Radioaktivität. Denn vor der Berechnung der Wahrscheinlichkeiten solch katastrophaler Verseuchungen schreckten die Autoren der *Deutschen Risikostudie Phase B* zurück: »Erwartete Häufigkeiten von Spaltproduktfreisetzungen werden der Phase B nicht quantifiziert. Der Sicherheitsbehälter hat zwar auch beim Kernschmelzen ein wesentliches Potenzial zur Rückhaltung von Spaltprodukten; seine Funktionsfähigkeit wird aber in Phase B wegen der derzeit großen Unsicherheiten nicht probabilistisch bewertet.« Mit anderen Worten, auf die Sicherheit der Reaktorhüllen wollten die Wissenschaftler schon damals keinen Eid mehr schwören. Im Gegenteil, den Experten war klar, dass eine Kernschmelze mit hoher Wahrscheinlichkeit auch zu einer Freisetzung großer Mengen von Radioaktivität führt – und diese Expertise lag selbstverständlich auch der von 1994 bis 1998 zuständigen Bundesumweltministerin Angela Merkel vor, die sich heute so überrascht von dem »absolut Unwahrscheinlichen« zeigt. Angela Merkel hätte sich über die Folgen informieren können, die eine Kernschmelze in einem zerstörten Reaktor hat. So hatten die Wissenschaftler der Gesellschaft für Anlagen- und Reaktorsicherheit in ihrer Studie 1979 bereits formuliert, was statistisch die Folge sein kann, wenn es zum schlimmsten aller Unfälle, dem Super-GAU kommt: 14 500 Tote sofort und 104 000 weitere Todesopfer in den folgenden 30 Jahren.[13]

Der Begriff »Restrisiko« dient also nachweislich der Verniedlichung der Gefahren, wenngleich schon damals die Studien selbst bei genauem Hinsehen sehr wohl ein hohes Risiko attestierten. Allerdings wurde dieser Sachverhalt nie so von den Vertretern der Atomlobby und ihr wohlgesonnenen Wissenschaftlern dargestellt. Auch nicht von Politikern. Denn eine Kernschmelze alle 10 000 Jahre hört sich ja auch nach bedeutend mehr Sicherheit an, als eine Kernschmelze alle 40 Jahre. Man könnte diese Taktik auch als Lügen durch Weglassen bezeichnen. Aber was tun atomkraftbesessene Wissenschaftler, wenn sie eine Risikostudie fortschreiben sollen und das drei Jahre nach einer Atomkatastrophe, die geschätzten 200 000 Menschen das Leben kostete? Erstaunlicherweise finden sich in der zweiten Risikostudie von 1989 keine Bezüge zu den längst in der Gorbatschow-Ära offengelegten schonungslosen Forschungsberichten über Tschernobyl – denn es handelte sich um einen Graphit-moderierten Reaktor. Aber wären nicht viele andere Faktoren der Unfallauswirkungen wichtig gewesen?

Der Nuklearexperte und Physiker Lothar Hahn war von 2002 bis 2010 Chef der Gesellschaft für Anlagen- und Reaktorsicherheit. Dort haben sich seit 1977 mehrere Generationen von Wissenschaftlern mit der Frage abgemüht, das Risiko eines Super-GAUs auch in Deutschland auszurechnen. Lothar Hahn ist bereits vor der Katastrophe von Fukushima in den Ruhestand gegangen. Auf die Frage, ob menschliches Fehlverhalten wie bei den Unfällen von Harrisburg und Tschernobyl ausreichend in die sogenannten probabilistischen Risikoanalysen einfließen, antwortet er: »Standardisierte Handlungen wie Schaltmaßnahmen oder Wartungsfehler werden bei den Studien berücksichtigt, nicht aber zum Beispiel strategische Fehleinschätzungen oder die Verkettung von Fehlhandlungen, wie wir sie in Tschernobyl erlebt haben.«

Westliche Atombehörden verschwiegen die Wahrheit über Tschernobyl

In den westlichen Nuklearstaaten wollten in den 90er Jahren weder die internationale Atomenergiebehörde IAEO noch andere Atombehörden die Wahrheit über Tschernobyl hören. Diese Erfahrung machte der sowjetische Nuklearwissenschaftler Professor Waleri Alexejewitsch Legassow. Nachdem Parteichef Michail Gorbatschow nur schleppend von den eigenen Behörden informiert worden war, wollte er wenigstens im Nachhinein seiner Glasnost-Politik (Offenheit) treu bleiben und entsandte den Chemiker Legassow zur Tschernobyl-Konferenz der IAEO. Der angesehene Wissenschaftler war Mitglied der Akademie der Wissenschaften und Chef des Untersuchungsteams der Folgen von Tschernobyl. »Wir trugen ihm auf, alles zu sagen«, berichtete Gorbatschow in einer Fernsehdokumentation 2006.[14] Drei Stunden sprach Waleri Legassow vor dem Gremium über die Folgen der Katastrophe. Er sprach von mehr als 40 000 zu erwartenden Krebstoten. Die vorwiegend westlichen Vertreter wollten davon nichts hören. Der damalige IAEO-Chef Hans Blix rechtfertigte die Ignoranz der westlichen Atombehörden im Nachhinein mit einem erstaunlichen Argument: Die Zahlen aus Russland seien nicht empirisch gewesen, sondern hätten nur auf den Erfahrungen der Verstrahlungen von Hiroshima beruht. Die Befürworter der Atomkraft setzen bei der Berechnung von Risiken also lieber auf theoretische, ingenieurtechnische Annahmeberechnungen als auf die akribische Auswertung von tatsächlichen Schäden. Theorie zählt mehr als die leider vorhandene Praxis von Störfällen und Unfällen. Wie groß die Ignoranz bei Atombehörden bis heute ist, zeigt sich an der Stellungnahme der IAEO nach der damaligen Tschernobyl-Konferenz. Trotz der offenen Darstellung der Fakten durch die sowjetische Seite sprach die IAEO schließlich von 4000 noch zu erwartenden Toten – statt der von Professor Legassow vorgetragenen 40 000. Der Nuklearwissenschaftler konnte diese dauernden Lügen, zunächst seitens der sowjetischen Behörden und dann seitens der Atomlobby in der westlichen Welt nicht mehr ertragen. Am 26. April 1988, am zweiten Jahrestag der Reaktorkatastrophe von Tschernobyl, erhängte er sich in seiner Wohnung. In seinem Abschiedsbrief bezieht er sich auf die unnötige Geheimnistuerei nach dem Unglück, das Zehntausende Menschen das Leben kostete – Menschen, die nicht ahnten, dass sie verstrahlt wurden. Legassow hielt die Lüge, der Atomkraftbefürworter seit Jahrzehnten anhingen, nicht mehr aus.

Wir wissen nicht, ob Angela Merkel jemals von Waleri Legassow gehört hat. Jedenfalls reiste sie im Februar 1996 als Bundesumweltministerin nach Tschernobyl. Doch angesichts des Sarkophags, für den Tausende Arbeiter ihr Leben geopfert hatten und das sogar Atomingenieure als Mausoleum bezeichneten, entfuhr Angela Merkel ein Wort merkwürdiger Bewunderung: Sie sprach von »robuster russischer Technik« und lobte »Fortschritte in der Sicherheitstechnik«. Sogleich nutzte sie diesen Ort des Grauens, um die heimische Anti-Atomkraft-Bewegung scharf anzugreifen: »Der Kampf gegen genehmigte Kernkraftanlagen in der BRD stellt eines der größten Gefahrenmomente dar, weil er viele Kapazitäten bindet, um die Rechtslage zu garantieren. Diese Kapazitäten fehlen bei der Vorsorge.«[15]

In Deutschland versuchten die offiziellen Atomexperten, die weltbewegenden Katastrophen von Tschernobyl und Harrisburg wissenschaftlich auf einen anderen Planeten zu verlegen. So heißt es in der *Deutschen Risikostudie* von 1989: »Zweck von Risikoanalysen: Für Kernkraftwerke mit leichtwassermoderierten Reaktoren wurden seit 30 Jahren weltweit Betriebserfahrungen in ca. 2800 Reaktorbetriebsjahren gesammelt. In dieser Zeit sind keine Unfälle aufgetreten, die zu einer größeren Freisetzung radioaktiver Stoffe in die Umgebung der Anlage geführt haben. Dies trifft auch auf den Kernschmelzunfall zu, der sich 1979 im amerikanischen

Kernkraftwerk TMI-2 ereignete. Im Kernkraftwerk Tschernobyl, das einen grundsätzlich anderen Reaktortyp besitzt, ist im April 1986 ein schwerer Unfall mit erheblicher Freisetzung radioaktiver Stoffe eingetreten. Dieser Unfallablauf kann für leichtwassermoderierte Reaktoren ausgeschlossen werden.«[16] Es ist das Kleingedruckte, das uns die Angst nehmen soll. *»Dieser Unfallablauf kann für leichtwassermoderierte Reaktoren ausgeschlossen werden.«* Aber dafür der von Fukushima – ein Leichtwasserreaktor? Was ist Symbolpolitik, was Wahlkampf und was ernst gemeint?

Anfang der 90er Jahre nahmen die Risikoforscher der Gesellschaft für Anlagen- und Reaktorsicherheit zwei Reaktoren neueren Betriebsdatums unter die Lupe. Es handelte sich um die 1984 und 1985 in Betrieb genommenen Reaktoren in Grundremmingen. Auch hier ging es um das »Restrisiko« einer Kernschmelze. 1993 veröffentlichte die Gesellschaft für Anlagen- und Reaktorsicherheit ihre Ergebnisse – im Auftrag des Bundesministeriums für Technologie und Forschung. Am Beispiel Grundremmingen stellten die Ingenieure ihre Berechnungen an und blieben am Ende noch optimistischer als in den Studien wenige Jahre zuvor: »Bei Berücksichtigung dieses zusätzlichen Sicherheitssystems verringert sich die Eintrittshäufigkeit für nicht beherrschte Ereignisabläufe um etwa das 10-Fache auf rund 1 zu 200 000 pro Anlage und Jahr.«[17] Sie begründeten dieses Ergebnis mit den Verbesserungen der Anlagensicherheit, die zum Teil noch während der Studie vom Betreiber durchgeführt wurden. Darunter findet sich folgende Maßnahme für den Fall eines Kühlwasserverlustes: »Einspeisung mit Feuerlöschsystem; bereits realisiert«.

Seit der ersten *Deutschen Risikostudie* von 1979 bis zu der Leichtwasser-Reaktorstudie im Jahr 1993 hatte sich die Wahrscheinlichkeit eines Kernschmelzunfalls in einem deutschen Reaktor von 1 zu 10 000 pro Jahr auf 1 zu 33 000 (1989) und schließlich sogar auf 1 zu 200 000 (1993) »verringert«. Sicherlich haben deutsche Atomkraftwerksbetreiber die eine oder andere Sicherheitseinrichtung verbessert, doch ein fehlerhaftes Zusammenspiel von Mensch und Technik oder auch Mensch und Mensch, wie es in Harrisburg und Tschernobyl zur Havarie geführt hat, kann bei diesen Berechnungen nur teilweise kalkuliert werden. Das sind Fehlerquellen, die – wie noch gezeigt wird – auch in Deutschland zu schweren Störfällen geführt haben. Aber selbst, wenn wir den Risikoberechnungen Glauben schenkten, bliebe es letztlich eine Frage der Sichtweise, ob sich eine Gesellschaft ein »Restrisiko« von 1 zu 200 000 für Nuklearunfälle leisten will. Warum umgekehrt Menschen Lotto spielen, weil sie bei einer Wahrscheinlichkeit von 1 zu 140 000 000 trotzdem auf den Jackpot hoffen,[18] gehört vermutlich zu den Verdrängungsmechanismen der menschlichen Psyche. Lothar Hahn, Physiker und ehemaliger Leiter der Gesellschaft für Reaktorsicherheit (GRS) spricht nun offen darüber, was er von dem Wort der Bundeskanzlerin über das »absolut Unwahrscheinliche« hält: »Was heißt schon wahrscheinlich oder unwahrscheinlich, das sind sehr relative Begriffe. Dass ein Kernschmelzunfall geschehen kann, auch in Deutschland, dass so ein Unfall nie ›absolut unwahrscheinlich‹ war, war jedem Experten klar.« Dann fügt er hinzu: »Ob man diese Risikozahlen für groß oder klein hält, ist eine Ermessensfrage: Wie viel Risiko ist eine Gesellschaft bereit zu akzeptieren?«

Die Risikoberechnungen der Gesellschaft für Reaktor- und Anlagensicherheit sieht ihr einstiger technisch-wissenschaftlicher Geschäftsführer zwiespältig. Auf der einen Seite hätten diese Zahlen »als relative Zahlen einen großen sicherheitstechnischen Nutzen gebracht, weil sie geholfen haben, Schwachstellen in den Anlagen zu finden«. Besonders bei detaillierten Studien der Risiken einzelner Reaktoren fällt auf, wie diese im Vergleich zu anderen Reaktoren abschneiden. Ob ihre »Sicherheit« wirklich verbessert wurde? Über die absoluten Risikozahlen, wie sie häufig jahrzehntelang von den Befürwortern der Atomenergie zitiert wurden, sagt Lothar Hahn nüchtern: »Die absoluten Zahlen haben wenig Aussagekraft und sind häufig von der Lobby der Atombranche missbraucht worden, um die Risiken als sogenanntes ›Restrisiko‹ kleinzureden.«

Nicht nur die jetzige schwarz-gelbe Bundesregierung hat die Öffentlichkeit über tatsächliche Risiken der Atomkraft getäuscht. Auch die rot-grüne Bundesregierung mit Gerhard Schröder im Kanzleramt und Jürgen Trittin im Bundesumweltministerium deckelten Fakten, weil es ihren großen Deal mit der Energiewirtschaft – den »Atomkonsens« sonst zerstört hätte. Auch diese Geschichte rankt sich um das Thema »Restrisiko«: Denn am 11. September 2001 – also mitten in der ersten Amtsperiode der rot-grünen Bundesregierung – bekam der Begriff des nuklearen »Restrisikos« eine neue Dimension. Im offiziellen *09/11-Commission Report* für den US-Kongress werden Aussagen von Ramzi Binalshibh über ein Treffen der Verschwörer um Muhamed Atta im Juli 2001 in Madrid zitiert: Atta soll vorgeschlagen haben, Atomkraft-

werke in der Umgebung von New York mit einer Verkehrs-
maschine anzugreifen.[19] Die Aktion sollte den Codenamen
»Electrical engineering« erhalten, doch Ramzi Binalshibh, einem Mitglied von al-Qaida, zufolge waren die anderen Piloten nicht begeistert. Sie fürchteten, dass der Flugraum von
Atomkraftwerken besonders überwacht und sie vor einem
Anschlag abgeschossen würden. So ließ die Terrorgruppe den
Plan fallen. Glücklicherweise irrte sie aber in der Annahme
eines besonderen Schutzes. Damals jedenfalls wäre der nukleare Angriff gelungen – denn eine besondere Luftraum-
überwachung gab es nicht. Aber wie angreifbar sind deutsche
Atomreaktoren?

Das Trittin-Ministerium
hielt eine brisante Studie geheim

Am Wahlabend der von den Grünen in Baden-Württemberg
gewonnenen Landtagswahl 2011 rühmte sich der ehemalige grüne Bundesumweltminister Jürgen Trittin in der Talkshow bei Anne Will,[20] direkt nach den Anschlägen vom 11.
September 2001 eine Studie über die Sicherheit von Atomkraftwerken gegen Flugzeugabstürze in Auftrag gegeben zu
haben: »Das waren wir«, brüstet sich Trittin. Tatsächlich hatte sein Ministerium die Studie bei der Gesellschaft für Anla-
gen- und Reaktorsicherheit nach den Anschlägen in Auftrag
gegeben. Bereits im Herbst 2002 lag eine interne Zusammenfassung der Studie, erstellt durch Trittins Beamte, vor. Doch
davon erfuhr die Öffentlichkeit nichts. Die darin enthalte-
nen Erkenntnisse waren alles andere als beruhigend und hätten sicherlich den einen oder anderen Kritiker des rot-grünen Atomkonsenses wieder auf den Plan gerufen. So kam

es, dass die Expertise geheim blieb. Irgendjemand fand diese Geheimhaltung offenkundig verantwortungslos und reichte das Papier nach außen. So wurde das brisante Papier ein Jahr und zwei Monate später vom Bund Umwelt und Naturschutz Deutschland e.V. (BUND)[21] veröffentlicht, um die deutsche Öffentlichkeit nicht länger im Unklaren über die alarmierenden Befunde zu lassen. Der BUND-Atom-Experte Klaus Traube schrieb dazu: »Besonders gefährdet sind laut GRS-Gutachten die neun älteren Anlagen: Obrigheim, Stade, Biblis A und B, Brunsbüttel, Isar 1, Philippsburg 1, Neckar 1 und Unterweser. Hier könnte schon der Absturz eines kleineren Verkehrsflugzeugs die Katastrophe auslösen. Beim Absturz eines großen Flugzeugs auf einen Atomreaktor können aber auch die zehn neueren AKWs außer Kontrolle geraten.« Diese Meldung schlug ein wie eine Bombe. Selbst der Leiter des Bundesamts für Strahlenschutz, Wolfram König, forderte eine sofortige Abschaltung der besonders gefährdeten Reaktoren: »Ich rate den Betreibern zur Verbesserung der Sicherheit, von den Instrumenten Gebrauch zu machen, die ihnen die Vereinbarung über den Atomausstieg zur Verfügung stellt«, sagte König der *taz*.[22] Die Betreiber sollten die nach dem rot-grünen Atomgesetz mögliche Übertragung von Reststrommengen von älteren auf neuere Anlagen nutzen, um die absturzunsicheren Anlagen stillzulegen. Interessanterweise wies König in dem Interview auch darauf hin, dass seine Behörde nur für die Sicherheit der atomaren Zwischenlager, nicht jedoch für die Atomkraftwerke selbst zuständig sei. Trotzdem hält der BfS-Präsident die einzige Maßnahme in Deutschland gegen Terrorangriffe für nicht gerade tauglich: die Maschinen, die AKWs im Fall eines Angriffs vernebeln sollen, um Angreifer zu verwirren. »Wenn der Eindruck entsteht, dass die Vernebelung die wesentliche Vorsorgemaßnahme ist, kann man nicht mit gesellschaftlicher Akzeptanz rechnen«, sagte König damals. Der Atomkonzern EnBW reagierte betont zurückhaltend auf die Debatte, denn mit Philippsburg 1 und Obrigheim standen gleich zwei Reaktoren auf der GRS-Liste der besonders gefährdeten Meiler. EnBW sah keinen Handlungsbedarf, weil »zahlreiche Maßnahmen bereits umgesetzt« seien. EnBW plante zu dieser Zeit, Nebelgranaten rund um die Kraftwerke zu positionieren.[23] Die sollten im Alarmfall das Kraftwerk innerhalb von 40 Sekunden in dichten Nebel hüllen, um die Angreifer orientierungslos zu machen. Die Pilotenvereinigung Cockpit verwies schon damals auf die Unsinnigkeit dieser Maßnahme. Allein mit ihrem satellitengestützten Navigationssystem (GPS) seien Terroristen in der Lage, jede Atomanlage trotz Nebels genau zu orten. Überdies könnten die Terroristen auch zweimal die Anlage anfliegen, wenn sie versierte Piloten seien, sagte der Sprecher der Pilotenvereinigung, Markus Kirschneck.

Das grüne Bundesumweltministerium wiegelte die gesamte Angelegenheit weiterhin ab. Nachdem die brisante Studie mehr als ein Jahr lang geheim gehalten worden war, beeilte es sich mit der Aussage, man habe die Studie ja bereits ein Jahr zuvor den Ländern zugestellt, die für die Umsetzung zuständig seien. Das Trittin-Ministerium ließ offiziell verlauten, die Untersuchung sage »nichts über das konkrete, tatsächliche Gefahrenpotenzial einer Anlage vor Ort aus«[24]. Im Volltext wurde die Studie jedoch bislang nicht veröffentlicht. In Sachen Transparenz hatte sich jedenfalls auch die grüne Herrschaft längst an jahrzehntelange Gepflogenheiten gewöhnt. Dazu passt auch die vornehme Zurückhaltung, die der damalige Abteilungsleiter für Reaktorsicherheit im Bundesumweltministerium, Wolfgang Renneberg, übte. Auf einer Veranstaltung wurde er auf die geheim gehaltene Studie angesprochen und gab zu, dass 5 Reaktoren »verwundbarer« seien als die übrigen 13. Ansonsten verwies er auf die Verantwortung des Bundesinnenministeriums für den Terrorschutz.[25] Der Bundesinnenminister müsse nun erklären, wie er die Sicherheit der AKWs gewährleisten wolle. Erstaunlich an diesen Beschwichtigungsversuchen ist die Tatsache, dass natürlich das Bundesumweltministerium und niemand anders die Atomaufsicht für alle deutschen AKWs innehat. Minister Trittin hätte also völlig rechtskonform eine Bundesweisung zur Nachrüstung der Reaktoren erlassen können, um diese größte aller Sicherheitslücken zu schließen.

Es bleibt die Frage, warum das Bundesumweltministerium unter Jürgen Trittin dann überhaupt eine solche Studie in Auftrag gab, wenn das Ergebnis letztlich erwartungsgemäß brisant war. So brisant, dass ein grünes Bundesumweltministerium es lieber verschwieg und am Ende auf andere Ministerien verwies. Unterstützung erhielt das Trittin-Ministerium damals von ungeahnter Seite: Der Leiter des Kernkraftwerks Brunsbüttel, Lutz-Peter Brandes sagte prompt: »Der Staat muss dafür Sorge tragen, dass Einrichtungen und Anlagen geschützt werden.« Bei solchen Äußerungen ist allerdings nie klar, ob sie nur abwiegeln sollen oder vielleicht den Auftakt einer neuen Bettelaktion der Konzerne für staatliche Subventionen darstellen. Denn eine Nachrüstung der deutschen Reaktoren mit einem absturzsicheren Containment hätte diese nach Auffassung vieler Experten unwirtschaftlich gemacht. Sie hätten dann schlicht abschalten müssen. Und das wiederum hätte den gerade ausgehandelten Atomdeal der rot-grünen Bundesregierung mit den Energiekonzernen gefährdet. Politischer Pragmatismus ging auch unter Rot-Grün vor Sicherheit.

Erstaunlich ist auch folgende Episode. Während das Trittin-Ministerium die Studie in Auftrag gab, ohne dass die Öffentlichkeit informiert wurde, wappnete sich die Atomlobby bereits – woher auch immer sie von dem Vorhaben des Ministeriums wusste. Die Atombranche, ihre Zulieferer und Dienstleister ahnten bereits, bevor die Öffentlichkeit davon erfuhr, welche Brisanz in dem Thema steckte. Und so reagierte man, wie Lobbyisten es gewohnt sind. Bereits im November 2001 schrieb der atomkraftfreundliche Verein Deutscher Ingenieure (VDI) eine Stellungnahme: »In der Folge der Absturzserie von über 150 Starfightern in den NATO-Ländern wurde dem Flugzeugabsturz seit den 70er Jahren große Aufmerksamkeit gewidmet und Schritt für Schritt in den Neubauprojekten berücksichtigt. Von den Kernkraftwerken in Deutschland sind

- fünf nicht explizit gegen Flugzeugabsturz auslegt,
- vier gegen Absturz eines Starfighters ausgelegt,
- zehn gegen Absturz einer Phantom F-4 ausgelegt.«[26]

»Erste ingenieurtechnische Abschätzungen« hätten ergeben, dass eine Boeing 747, 757 oder 767 keine höhere Belastung für die geschützten Reaktoren darstellte als ein F-4 Phantomjäger. Glaubt man dieser Expertise des atomkraftfreundlichen VDI, wären nicht nur fünf, sondern sogar neun AKWs nicht sicher vor solchen Angriffen geschützt. Der Ingenieurverband unternimmt gar nicht erst den Versuch, die klare Faktenlage infrage zu stellen. Umso erstaunlicher sind die Schlussfolgerungen des Ingenieursvereins: »Herauszustellen ist jedoch, dass die Kernkraftwerke, die nicht gegen Flugzeugabsturz ausgelegt wurden, gleichwohl weitreichenden Schutz gegen Flugzeugabsturz besitzen, wie angesichts der massiven Bauweise und der Auslegung gegen Erdbeben auch zu erwarten ist.« Dieser Satz klingt in sich irre, und soll vermutlich auch in die Irre führen. Denn wenn etwas nicht geschützt ist, kann es nicht »gleichwohl weitreichenden Schutz gegen Flugzeugabsturz besitzen«. Auch die zweite Argumentationslinie des VDI ist der Erwähnung wert: »Die Auslegung der Kernkraftwerke gegen externe Einwirkungen berücksichtigt weltweit keine kriegerischen Einwirkungen und terroristischen Angriffe aus dem Luftraum. Der terroristische Missbrauch eines vollbetankten schweren Verkehrsflugzeugs als Bombe ist weltweit in der Vergangenheit bei keiner technischen oder zivilisatorischen Einrichtung jeglicher Art als Bedrohungsszenario einbezogen worden. Die heutigen Kernkraftwerke bieten in diesem Fall keinen vollen Schutz, sind jedoch so ausgelegt, dass selbst dieser extreme Störfall durch das korrekte Funktionieren der redundanten Notkühlsysteme beherrscht werden kann.«[27]

Gegen glasklare Fakten werden Behauptungen gesetzt und natürlich darf auch in dieser Argumentationskette das statistische Gespenst eines unwahrscheinlichen »Restrisikos« nicht fehlen: »Es muss klargestellt werden, dass – gleichgültig, wie weit die sicherheitstechnischen Reserven reichen – ein absoluter Schutz dann nicht gegeben ist, wenn theoretisch vorstellbare unbegrenzte Mittel (z. B. mehrere Großflugzeuge hintereinander) für terroristische Anschläge angenommen werden, was offensichtlich nur eine hypothetische, kaum aber eine wahrscheinliche Annahme ist.« Auch hier wird mit einem »Restrisiko« sprachlich gespielt, und plötzlich ist sogar von mehreren Großflugzeugen die Rede, dabei hätte selbst nach der eigenen Einschätzung des VDI auch eine Boeing für die Durchdringung vieler Reaktoren genügt. Und, als hätte er die Forderung kritischer Wissenschaftler vorausgeahnt, schreibt der VDI abschließend: »Die sofortige Abschaltung von Kernkraftwerken führt wegen des radioaktiven Inventars zu keinem Sicherheitsgewinn.« Der Verein Deutscher Ingenieure argumentiert damit, dass wegen der deutschen Zwischenlagerproblematik in den Abklingbecken deutscher Reaktoren stets zwei bis drei komplette Kernladungen gelagert seien. Das Argument wiederum ist einleuchtend. Hier wäre allerdings eine Bundesregierung unter grüner Beteiligung gefordert gewesen, dafür zu sorgen, dass die Atomkonzerne nicht noch weitere zwei Jahrzehnte Tonnen abgebrannter Brennelemente produzieren durften – wie es im Atomkonsens im Jahr 2000 vereinbart worden war.

Und das führt uns auf eine weitere Risikoproblematik: Weitgehend ungeschützt sind auch die 12 atomaren Zwischenlager für abgebrannte Brennelemente, die direkt neben den Atomkraftwerken eingerichtet werden durften. Besonders in den Zwischenlagern im Süden der Republik haben diese Lagerstätten die Wandstärke einer besseren Garage: 70 bis 85 Zentimeter. Schutzdächer gegen Flugzeugabstürze bieten sie alle nicht – und das betrifft obendrein auch die großen externen Zwischenlagerstätten in Gorleben und Ahaus. Und sogar die Castor-Behälter selbst sind nicht absturzsicher. Die Reaktorsicherheitskommission der Bundesrepublik hatte in einer Stellungnahme im Juli 2002 festgestellt, dass eine Leckage durch einen gezielten Flugzeugabsturz durchaus möglich sei. Denn bei der Berechnung der Brandlast habe man ignoriert, dass das Moderatorenmaterial in den Bohrlöchern der Castoren infolge vergasen könne.[28]

Die atomkraftkritische Landesregierung von Schleswig-Holstein, die sich seit Jahren mit den pannenanfälligen Reaktoren Brunsbüttel und Krümmel beschäftigen musste, forderte die rot-grüne Bundesregierung in der Folge wiederholt auf, in dieser brisanten Frage zu handeln: »Hier ist deshalb der Gesetzgeber gefordert, eine neue Risikobewertung dergestalt vorzunehmen, dass die Laufzeiten älterer Anlagen entgegen den seinerzeit getroffenen Festlegungen deutlich verkürzt werden müssen.«[29] Sehr offensiv machte die damals für die Landesatomaufsicht zuständige Sozialministerin Gitta Trauernicht von der SPD das Nichthandeln des grünen Bundesumweltministeriums und der rot-grünen Bundesregierung transparent: »Die Landesregierung hat das Bundesumweltministerium hierzu bereits im August und November 2003 sowie abschließend jüngst mit Schreiben vom 23. Februar 2004 nachhaltig aufgefordert. Aus Sicht der Landesregierung handelt es sich hierbei um eine originäre Aufgabe des Bundes. Diese ist zurzeit noch nicht erfüllt.«

Und sie wurde nie erfüllt. Der Grund liegt auf der Hand. Wäre das Trittin-Ministerium ernsthaft tätig geworden, wäre eine Weisung an die Kraftwerksbetreiber unvermeidlich geworden, ungeschützte Reaktoren und Zwischenlager nachzurüsten. Der damit verbundene Milliardenaufwand hätte die Konzerne zum Abschalten gezwungen. Es wäre die einmalige Chance gewesen, ungesicherte Atomkraftwerke abzuschalten, ohne hohe Entschädigungszahlungen der Energieriesen zu riskieren. Die rot-grüne Bundesregierung zog es jedoch vor, sich an den Wortlaut des Atomkonsenses mit den Konzernen zu halten: »Die Bundesregierung wird keine Initiative ergreifen, mit der die Nutzung der Kernenergie durch einseitige Maßnahmen diskriminiert wird.«[30]

2

Deutsche Kernkraftwerke
sind die sichersten der Welt

Wie Konzerne und Behörden
Störfälle verschwiegen

»An so einem Tag darf man sicher nicht sagen, unsere Kernkraftwerke sind sicher«, sagt Angela Merkel und zögert einen
Augenblick, bevor sie hinzufügt: »Sie sind sicher.«[1] Das war
am Tag 2 der Katastrophe von Fukushima. Auch ihr Koalitionspartner, der FDP-Vorsitzende Guido Westerwelle kann
sich einen schnellen Ausstieg trotz der Katastrophe noch
nicht vorstellen und sagt dem *Spiegel:* »Es ist keine Lösung,
die sichersten Kernkraftwerke vom Netz zu nehmen, um am
Tag danach Atomstrom aus dem Ausland zu beziehen.«[2] Und
natürlich fehlen in diesen Tagen nach Fukushima auch nicht
die Atomlobbyisten. Hier ahnt man sofort, dass diese Katastrophe die eigene Branche gefährden könnte. Gerd Jäger, der
technische Vorstand von RWE, hält die Katastrophe nicht für
einen Grund, die Laufzeitverlängerung für deutsche Meiler
bis 2035 zu überdenken. In Deutschland würden »höchste
Sicherheitsstandards für Kernkraftwerke angesetzt, und sie
werden von uns erfüllt«[3]. Das Deutsche Atomforum schreibt
am 12. März 2011: »Eine Verkettung eines derart schweren
Erdbebens und eines schweren Tsunamis ist in Deutschland

nicht vorstellbar. Auch von offizieller Seite ist bereits gestern darauf hingewiesen worden, dass die deutschen Kernkraftwerke so ausgelegt sind, dass die Schutzziele auch bei starken Erdbeben eingehalten werden.«[4]

Im Fall des Atomkraftwerks Mülheim-Kärlich musste die Branche aber zunächst zu ihrem Glück in Sachen Erdbebensicherheit gezwungen werden. 1975 begann RWE mit dem Bau des Reaktors mitten im Neuwieder Becken – einem nachweislich stark erdbebengefährdeten Gebiet – neben einem Vulkanschlot, was RWE allerdings bestritt. Gut ein Jahrzehnt klagten Privatpersonen und Organisationen gegen das Vorhaben – erfolglos. 1986 ging das AKW zunächst in Probebetrieb und schließlich am 1. Oktober 1987 kommerziell ans Netz. Den Klägern, darunter Studenten und Rentner, kam ihr rechtliches Engagement gegen das Risikoprojekt teuer zu stehen. 1984 berichtete *Der Spiegel* über dieses dunkle Kapitel deutscher Rechtsgeschichte und die Folgen für Kläger, die sich mit der Atomlobby anlegten: »Kapitale Kosten, mitunter bis ans Lebensende, oder Beugehaft.«[5] Denn RWE und seine Rechtsanwälte sorgten letztlich dafür, dass einige der Kläger sogar in Beugehaft gingen. Nachdem sie die Prozesse gegen das geplante Atomkraftwerk vor dem Verwaltungsgericht und Oberverwaltungsgericht Koblenz verloren hatten, brummten ihnen die Richter nicht nur die Gerichtskosten, sondern auch einen Teil der Anwaltskosten der gegnerischen RWE auf. Den Streitwert für die Klagen hatten sie zuvor auf 100 000 DM festgelegt – unüblich viel. Der damalige Kläger-Anwalt, Michael Günther, sah darin einen »furchtbar empörenden Justizskandal«, der »offenbar in präventiver Absicht« geschehe. Denn Klagen gegen Atomkraftwerke würden auf diese Weise für den einfachen Bürger unmöglich. Eine Studentin aus Hamburg sollte 6044,70 DM an die RWE-Anwälte zahlen und versuchte zunächst, einen Teil davon erlassen zu bekommen. Doch die Kanzlei weigerte sich, so ging die Studentin auf der Straße betteln. Eine andere Studentin konnte nicht zahlen und wollte auch keinen Offenbarungseid leisten, also ging sie auf Antrag der RWE-Kanzlei in Beugehaft. Unter den 200 Klägern gegen das erdbebengefährdete Atomkraftwerk war auch ein Rentnerehepaar aus dem niedersächsischen Flecken Todtglüsingen. Der ältere Herr saß bereits 16 Tage in Beugehaft und musste 34 000 DM Anwalts- und Gerichtskosten zahlen – ein Teil seiner Rente wurde gepfändet. Einem anderen Rentner gelang es nur mit Hilfe seiner Tochter, die für ihn bürgte, sein Haus zu retten. RWE weist den Vorwurf, ungerechtfertigt Druck auf private Kläger auszuüben, allerdings nachdrücklich zurück.

Das Gute an der Geschichte des schlechten Betragens eines Atomkonzerns ist ihr Ausgang: Bereits im September 1988 musste das AKW Mülheim-Kärlich wieder vom Netz. Denn es hatte sich herausgestellt, dass der Bauherr das Reaktorgebäude ohne die erforderliche Genehmigung um 70 Meter verrückt hatte. Das war dann auch dem Bundesverwaltungsgericht in Berlin zu viel. Es kassierte die Genehmigung für das Kraftwerk mit der Begründung, dass die rheinland-pfälzischen Behörden 1975 »wesentliche Sicherheitsfragen nicht geprüft« und die Kontrolle von »Planungsänderungen versäumt« hätten.[6] Der 7 Milliarden DM teure Reaktor musste vom Netz und wird seither zurückgebaut. Den Versuch, ein Atomkraftwerk in einem Erdbebengebiet zu betreiben, hätte beinahe der Steuerzahler mit bezahlt. Denn nach dem Stopp des Kraftwerks klagte RWE ausgerechnet gegen die Landesbehörden, mit denen sie die rechtswidrige Genehmigung 1975 ausgehandelt hatte. Das Oberverwaltungsgericht Koblenz gab der Klage statt und verurteilte das Land Rheinland-Pfalz wegen der fehlerhaften Genehmigung zu einer Schadensersatzzahlung von rund 1,75 Milliarden DM, also rund der Hälfte der Investitionssumme. Das Land mit einem Jahresetat von damals gerade mal 10 Milliarden DM hätte dann für eine unter der Landesregierung von Helmut Kohl eingefädelten Investition büßen müssen – doch im Zuge des späteren rot-grünen Atomkonsenses verzichtete RWE auf die Entschädigung. Trotzdem profitierte RWE mit dem rechtswidrig errichteten Kraftwerk auf andere Weise vom rot-grünen Atomkonsens, wie noch dargelegt wird.

Seit Jahren machen eine Reihe deutscher Geoforscher darauf aufmerksam, dass Erdbeben in Deutschland alles andere als ein Horrorszenario vehementer Atomenergiegegner sind. Denn erdgeschichtlich sind ein paar Hundert Jahre nichts – erst recht nicht geologisch. Und wären die Menschen in Mitteleuropa im Jahr 1356 schon in der Lage gewesen, Atomenergie zu betreiben, hätten sie sich vermutlich schon damals ausgelöscht. Damals kam es zu einem Erdbeben in der Nähe von Basel von einer Stärke von 6,5 bis 6,7 auf der Richterskala, das noch in Straßburg zu spüren war. Die AKWs in Deutschland sind für Beben der Stärke von 4,5 bis 5,5 auf der Richterskala ausgelegt. »Deutsche Atomkraftwerke würden mit an Sicherheit grenzender Wahrscheinlichkeit historischen Beben in Mitteleuropa, wie beispielsweise dem Beben von Basel im Jahr 1356, nicht standhalten«, sagt dazu Eckhard Grimmel, Professor für Geografie an der Universität Hamburg. Er habe darauf schon mehrfach bei den Behörden aufmerksam gemacht. »Das ist leichtfertig«[7], sagt Grimmel. Sein Kollege Gottfried Grünthal, Experte für seismische Risikoabschätzung am Deutschen Geoforschungszentrum in Potsdam, sieht das ähnlich: »Diese Werte sind nicht unerheblich.« Erdbeben von dieser Größenordnung seien in Deutschland gar nicht so selten. So habe es mehrere Beben entlang des Rheingrabens gegeben, die die Marke 6 auf der Richterskala überschritten – ähnlich wie das in Basel, darunter die Dürener Erdbebenserie von 1755/56 mit der Stärke 6,1 der Richterskala. »Solche Bebenstärken«, erklärt Grünthal, »könnten immer wieder erreicht werden.« Den Behörden waren diese historischen Beben bei der Genehmigung der Atomkraftwerke Biblis, Neckarwestheim und Philippsburg durchaus bekannt. Bei der Risikoauslegung wurde aber das Erdbeben von Basel nicht herangezogen, da die beteiligten Geologen damals darauf verwiesen, dass dieses Beben außerhalb der tektonischen Zone »Oberrheingraben« stattgefunden habe – allerdings sehr knapp außerhalb.

Flugzeugabstürze, Terrorangriffe oder Erdbeben haben die Wahrscheinlichkeitsrechner der Atomlobby stets ins Reich des »Restrisikos« verwiesen – oder mit äußerst geringen Wahrscheinlichkeiten versehen. Aber wie sieht die Normalität, der Alltag, in deutschen Atomkraftwerken aus, und wie sieht es mit Abweichungen von diesem Alltag aus? Solche Abweichungen heißen im Atomkraftwerksbetrieb Störungen, soweit das Ereignis bis Stufe 1 der Internationalen Bewertungsskala für Nukleare Ereignisse (International Nuclear Event Scale, INES) reicht, ab INES-Stufe 2 ist von Störfällen die Rede. Alle sicherheitsrelevanten Ereignisse sind meldepflichtig und müssen vom Kraftwerksbetreiber den Atomaufsichtsbehörden der Länder gemeldet werden. Doch selbst wenn sie Störfälle melden, heißt das nicht, dass Behörden solche Fälle auch international melden. Hier ist nicht die Rede von der haarsträubenden Informationspolitik russisch-sowjetischer Atombehörden während der Reaktorkatastrophe von Tschernobyl oder von japanischen Behörden, sondern vom Land Baden-Württemberg unter dem abgewählten CDU-Ministerpräsidenten Stefan Mappus. Publik gemacht hat den Skandal das ZDF-Politikmagazin FRONTAL.[8]

Offenkundig ein Mitarbeiter des EnBW-Kraftwerks Philippsburg 2 hatte in einem anonymen Schreiben brisante Informationen über schwerwiegende Störfälle mitgeteilt, die nach der Atomrechtlichen Sicherheitsbeauftragten- und Meldeverordnung (AtSMV) meldepflichtig gewesen wären: »In der letzten Zeit häufen sich in der Atomanlage Philippsburg die Störfälle durch Fehlhandlungen des Personals. Die zuständige Aufsichtsbehörde wurde über diese Störfälle informiert, aber es wurde Geheimhaltung vereinbart. Die Meldepflicht nach AtSMV § 6 wurde wissentlich nicht beachtet, obwohl die Kriterien der Meldepflicht in jedem der Fälle erfüllt waren.« Die Störfälle, von denen der Informant nun berichtet, haben es in sich: »Bei zwei Störfällen wurden komplette Sicherheitseinrichtungen regelwidrig unwirksam geschaltet. Dies ohne Ersatzmaßnahmen bei laufender Atomanlage. Eine Beherrschung der Auslegungsstörfälle (wie in der Betriebsvorschrift vorgeschrieben), war nicht mehr möglich.«

Konkret ging es zum Beispiel um einen Ausfall der Notfallkühlung ab dem 19. Januar 2010, der mehrere Tage anhielt. Der Informant macht hierzu detaillierte Angaben: »Am 19. Januar 2010 um 3:35 Uhr wurde die Freischaltung mit der Nummer 09-2108 durchgeführt. Dabei wurden die Armaturen mit dem Anlagenkennzeichen LAR12AA002, LAR22AA002, LAR32AA002 und LAR42AA002 von der Stromzufuhr getrennt. Jetzt war eine Kühlung aller Systeme zur Notfallkühlung des Atomreaktors durch Wärmeabgabe an den Rhein nicht mehr möglich. Nur noch eine nicht auslegungsgemäße Notkühlung für ca. eine Stunde über das Speichervolumen der Notspeisebecken war vorhanden. Bei Anforderung der Notfallsysteme hätten sie sich aufgeheizt und wären nach kurzer Zeit komplett ausgefallen. Nach der Auslegung der Atomanlage muss über die Notfallkühlung der Atomreaktor für 10 Stunden ohne Handeingriff automatisch gekühlt werden. Dies war im Januar 2010 für 3 Tage nicht möglich.«

Die grüne Landtagsabgeordnete Gisela Splett stellte aufgrund dieser Informationen eine Anfrage an das für Atomaufsicht zuständige Umweltministerium Baden-Württembergs. Die damalige CDU-Umweltministerin Tanja Gönner antwortete persönlich. Sie ahnte wohl, dass ihr die systematische Vertuschung von Atomstörfällen politisch schaden könnte. Zur ausgefallenen Notfallkühlung teilt sie sogar Neues mit: »Da er [der Betreiber] bei der Erstbewertung keine Meldepflicht nach AtSMV sah, hat er das UVM nicht davon unterrichtet.«[9] Diesen Störfall haben demnach die AKW-Betreiber der EnBW also nicht einmal der Atomaufsicht des baden-württembergischen Umweltministeriums gemeldet. Doch auch darin sieht Ministerin Gönner kein Problem, denn ihr Ministerium teile die Bewertung des Kraftwerksbetreibers. Und EnBW selbst weist den Vorwurf mangelnder Information scharf zurück.

In Philippsburg haben sich allerdings noch weitere schwere Störfälle zugetragen. So wurde am 12. Mai 2009 der Sicherheitsbehälter im Reaktorgebäude regelwidrig offen gelassen, schreibt der anonyme Informant: »Diese Armaturen sollen nach der Auslegung der Atomanlage bei einem Störfall den Austritt von Radioaktivität aus dem Sicherheitsbehälter vermindern. Es sind sogenannte Gebäudeabschlussarmaturen der höchsten Sicherheitskategorie. Mit der Freischaltung war ein Schließen der Armaturen nicht mehr möglich. Deshalb wäre bei einem Störfall über diese offenen Armaturen radioaktive Strahlung ausgetreten. Die Dichtheit des Sicherheitsbehälters war nicht mehr vorhanden.« Dieser Fehler wurde nach Informationen des Insiders erst 12 Stunden später entdeckt. Da eine Störfallbeherrschung in diesem Fall nicht möglich gewesen wäre, hätte dieser Fehler nach Meinung von Reaktorsicherheitsexperten gemeldet werden müssen.

Auslaufen von 280 000 Litern radioaktiven Kühlwassers

Noch folgenreicher war ein Störfall am 17. Juni 2010. Gegen 14:20 Uhr sollte ein Abdichtstopfen aus der Kühlleitung gezogen werden. »Nach dem Lösen der aufblasbaren Stopfendichtung wurde der Abdichtstopfen in die Rohrleitung gezogen. Dort verkantete er sich und blieb stecken. Durch die damit entstandene Leckage wurde das Brennelementbecken entleert. (…) die Leckage konnte erst nach ca. 1 Stunde gestoppt werden. In der Zeit flossen ca. 270 000 Liter Reaktorwasser aus dem Brennelementbecken in den Reaktorsumpf. Weitere 10 000 Liter Reaktorwasser flossen über offene Entwässerungsleitungen aus dem Reaktorsicherheitsbehälter heraus.« Dieser Störfall hätte fatale Folgen haben können, so der Insider: »Bei einem weiteren Füllstandsabfall um 6 Zentimeter wäre die komplette Kühlung für das Brennelementbecken nicht mehr verfügbar gewesen.« Diesen Störfall meldete die Kraftwerksleitung der Atomaufsicht des baden-württembergischen Umweltministeriums. Dieses Mal allerdings verzichtete das Umweltministerium des Landes darauf, den Vorfall öffentlich zu melden. Heinz Smital, Nuklearexperte der Umweltorganisation Greenpeace, hält das nicht für Zufall: »Das ist ein sehr sicherheitsrelevanter Vorfall. Wenn noch mehr Wasser ausgelaufen wäre, hätten die Brennelemente vielleicht freigelegen, das ist ein sehr gefährlicher Zustand, das ist sicherlich meldepflichtig, sogar INES1, wenn nicht sogar INES2. Meiner Meinung nach hat das Ministerium hier den Vorfall vertuscht.«[10]

Die damalige Umweltministerin Tanja Gönner schrieb dazu, es habe aus ihrer Sicht keine Meldepflicht nach der Atomrechtlichen Sicherheitsbeauftragten- und Meldeverordnung bestanden, »da die Kühlung und Strahlenabschirmung der Brennelemente im BE-Becken auch nach dem Füllstandsabfall im vollen Umfang gegeben war« und »die durch das ausgelaufene Kühlmittel entstandenen Kontaminationen und Strahlenbelastungen unterhalb der Werte in den entsprechenden Meldekriterien der AtSMV lagen«. Es ist zu hoffen, dass diese Rechtsauffassung der Ministerin Gönner nicht von anderen deutschen Kraftwerksbetreibern geteilt wird. Denn sonst möchte man sich gar nicht vorstellen, was so alles in deutschen Kernkraftwerksanlagen geschieht, ohne dass die Behörden und die Öffentlichkeit etwas davon erfahren. Wolfgang Renneberg, der ehemalige Abteilungsleiter für Reaktorsicherheit im Bundesumweltministerium, hält jedenfalls die Antwort der Ministerin für abenteuerlich. »Selbstverständlich ist ein solcher Vorfall sicherheitsrelevant. Sicherheitsrelevant sind alle Fragen, die die Zuverlässigkeit des Personals betreffen, denn wenn das Personal nicht zuverlässig handelt, dann kann eine solche Anlage auch nicht richtig und sicher betrieben werden. Deswegen verstehe ich die Aussage des Umweltministeriums überhaupt nicht.«[11]

Aber was trieb die Kraftwerksbetreiber von Philippsburg und die baden-württembergische Atomaufsicht zu dieser Kumpanei des Schweigens? Der Insider vermutet in seinem anonymen Schreiben, die Meldepflichten seien verletzt worden, »um die geplanten Laufzeitverlängerungen der Atomanlagen in Deutschland nicht zu gefährden«. Eigentlich hätte der Reaktor in Philippsburg 1 um das Jahr 2013 vom Netz gehen müssen – so war die Planung nach dem rot-grünen Atomkonsens. Nach der Laufzeitverlängerung der schwarzgelben Regierung hätte EnBW hier noch bis 2020 Strom produzieren können – ein lukratives Geschäft, wenn man bedenkt, dass mit jedem Tag ein deutsches Atomkraftwerk im Schnitt eine Million Euro verdient. Und das wollte man womöglich nicht durch schlechte Nachrichten gefährden. Zumal sich auch der im März 2011 als Ministerpräsident abgewählte CDU-Politiker Stefan Mappus der Branche mehr als verbunden fühlte. Denn in Philippsburg ist es nicht der erste Skandal. EnBW weist solche Absichten bei seinem Vorgehen allerdings energisch zurück.

2001 waren schon einmal Notkühlsysteme betroffen – mit schwerwiegenden Folgen. Am 12. August 2001 hatte man nach einer Revision der Notkühlsysteme vergessen, die für das Kühlwasser notwendige Borsäurekonzentration in einem Flutbehälter zu überprüfen. Für die Notkühlung gibt es vier solcher Behälter, wobei zwei als doppelte Sicherheit dienen. Vier Wochen lang fiel der Fehler nicht auf. Und als er auffiel, schüttete man in den einen Behälter Borsäure nach, um die Konzentration den Regeln gemäß anzupassen. Trotz des Fehlers unterließen es die Kraftwerksmitarbeiter, die anderen drei Behälter zu prüfen. Das geschah erst zwei Tage später. Auch hier fehlte die notwendige Borsäurekonzentration. Vier Wochen lang war das Kraftwerk Philippsburg 2 damit ohne funktionierende Notkühlung gefahren. Im Untersuchungsbericht des Landtags vom 29. Oktober 2003 heißt es dazu: »Spätestens an diesem Nachmittag hätte eine Meldung der Kategorie S (Sofortmeldung) mit der INES-Stufe 2 gegenüber dem UVM erfolgen und das Kraftwerk umgehend abgefahren werden müssen.«[12] Das allerdings geschah nicht. Die Kraftwerksleitung stufte den Vorfall mit 0 auf der INES-Skala ein. Der nun entsandte INES-Offizier, ein Mitarbeiter der Gesellschaft für Anlagen- und Reaktorsicherheit, stufte den Vorfall nach seinen Recherchen auf Stufe 2 – damit war die Vertuschung in Philippsburg offiziell aufgeflogen.

In seiner Vernehmung vor dem Untersuchungsausschuss am 10. Juli 2002 führte Dr. Kotthoff, der INES-Offizier, aus, wie klar die Faktenlage war: »Ich hatte sehr früh Zweifel, dass die sicherheitstechnische Einschätzung zutreffend war. Der Betreiber war ja davon ausgegangen, dass eine gleichmäßige Borsäureverteilung in den Flutbehältern ist, und hatte das ja für weniger problematisch angesehen. Ich persönlich habe allein den Vorgang, dass eine falsche Armaturenstellung dazu führen kann, dass ich in mehreren Flutbehältern nicht mehr die vorgesehene Borsäurekonzentration vorfinde, als ein sicherheitstechnisch relevantes Ereignis angesehen, weil die Borsäure für den Druckwasserreaktor ein ganz wesentliches Element ist, um den Reaktor anzuschalten.«[13] Erst nachdem das Bundesumweltministerium über den Vorfall informiert worden war, wurden Konsequenzen gezogen. Auf eine Weisung aus Berlin musste das Kraftwerk abgeschaltet werden.

Für die Atomaufsicht vor Ort allerdings ist das Landesumweltministerium zuständig. Dort saß im Jahr 2001 ein Staatssekretär namens Stefan Mappus. Er war bereits am 5. September von dem Vorfall informiert worden, unterschrieb den Vermerk aber erst am 9. September nach einer Auslandsreise. Darauf im Untersuchungsausschuss angesprochen, sagte er aus, er habe den Fall als einen »mit keiner oder nur sehr geringer sicherheitstechnischer Bedeutung« eingeschätzt.[14] Mappus ärgerte sich außerhalb der Befragung lautstark darüber, dass es zu dem Störfall und seinem Verschweigen überhaupt einen Untersuchungsausschuss brauche: »Das ist grüne Ideologie. Das Einzige, was sie wollen, ist Kernkraft so madig zu machen, dass sie nach Möglichkeit keinerlei öffentliche Akzeptanz mehr hat, und ich sage Ihnen, mit dieser Landesregierung, mit mir, werden Sie dieses Ziel in Baden-Württemberg niemals erreichen, das verspreche ich Ihnen.«[15]

Wenn es nun einen Atomausstieg in Baden-Württemberg geben sollte, wird er in jedem Fall ohne Stefan Mappus vollzogen. Besonders Stefan Mappus und Tanja Gönner haben sich stets offensiv für die Kernenergie eingesetzt, Mappus sogar durch die jetzt hochproblematische Übernahme von EnBW-Anteilen durch das Land Baden-Württemberg. Aber wenn er so überzeugt von dieser Technologie und deren Sicherheit war, warum sorgten er und seine Umweltministerin dann dafür, dass angeblich harmlose Vorfälle nicht öffentlich wurden? Die Umweltorganisation Greenpeace hat jedenfalls Tanja Gönner wegen der Geheimnistuerei nun bei der Staatsanwaltschaft Stuttgart angezeigt.[16] Ihr Vorwurf: Verdacht auf Urkundenunterdrückung, Urkundenfälschung und Rechtsbeugung. Die unabhängige Umweltorganisation wirft Gönner vor, trotz richterlicher Aufforderung Verwaltungsakten über die Sicherheit von Atomkraftwerken zurückzuhalten. »Die Bürger haben ein Recht darauf, über die Sicherheit der Atomkraftwerke im Land umfassend informiert zu werden. Die Ministerin hält die entsprechenden Unterlagen jedoch vor der Öffentlichkeit zurück«, sagte der Nuklearexperte von Greenpeace, Heinz Smital. »Tanja Gönner verhält sich so, als sei mit der Atomindustrie ein Kartell des Verschweigens vereinbart worden.« Anwohner des Kraftwerks Philippsburg und die Organisation Greenpeace selbst hatten auf einen Widerruf der Betriebserlaubnis geklagt. Im Zuge dieser Klage hatte sogar das Gericht das Ministerium im September 2009 zur

Herausgabe der Akten aufgefordert. Auch in diesem Fall behielt sich das die CDU-Politikerin Gönner persönlich vor und sagte Ende 2009 eine Bearbeitung innerhalb von vier Wochen zu. Nach Greenpeace-Angaben seien danach die überreichten Akten offenkundig stark ausgedünnt gewesen. Den Hinweis, die übrigen Akten unterlägen der Geheimhaltung hält Greenpeace nicht für stichhaltig, da in einem vergleichbaren Fall die hessische Atomaufsicht ähnliche Akten anstandslos ausgehändigt habe. Vielmehr hegt die Organisation den Verdacht, dass das Umweltministerium die Klage der Anwohner hinauszögern will, insofern liege der Verdacht der Rechtsbeugung nahe.

Laufzeit ist in der Atombranche bares Geld. Die Atomlobby bestreitet diesen Zielkonflikt von Sicherheit und Profit zwar jederzeit, doch Philippsburg ist leider nicht der einzige Versuch eines Kraftwerksbetreibers, ohne großes öffentliches Aufsehen Störfälle zu verschleiern.

Immerhin reagierte die baden-württembergische Atomaufsicht intern auf den politischen Skandal von Philippsburg. Man ließ prüfen, ob es auch in anderen Atomkraftwerken im Land zu Verstößen bei den Flutbehältern der Notkühlsysteme gekommen war.[17] Man stieß auf einen Vorfall 1997 im Reaktor Neckarwestheim 1. Auch dort war der Reaktor trotz zu geringem Wasserstand angefahren worden. Die Mitarbeiter ließen sich zudem 16 Stunden Zeit, um die Behälter wieder aufzufüllen. Und trotz einer Diskussion mit einem TÜV-Gutachter entschied man sich auch damals, den Fall nicht zu melden. Trotzdem kam die Angelegenheit ans Tageslicht und verdarb den Betreibern und ihrer Belegschaft gründlich die Feier zum 25-jährigen Betriebsjubiläum. Die Feier platzte, zumal der Gastredner wegen des Skandals abgesagt hatte. Es stellte sich nun heraus, dass jahrelang gegen die Betriebsvorschriften verstoßen worden war – ohne dass es jemals gemeldet wurde.

An dieser Stelle sei an die Risikoberechnungen für die Unfallwahrscheinlichkeit von Reaktoren erinnert: Dass in Atomkraftwerken immer auch Menschen arbeiten, die Fehler machen, fehlerhaft oder gar nicht miteinander kommunizieren oder bisweilen auch nachlässig sind – diesen Risikofaktor können technische Studien nicht umfassend darlegen. Bundesumweltminister Trittin kommentierte die Vorgänge in Neckarwestheim damals harsch: »Wenn Betriebshandbücher als Richtwerte, nicht aber als verbindliche Vorschrift betrachtet werden, und wenn weder Gutachter noch die Landesatomaufsicht sich an dieser Praxis stoßen, dann deutet dies auf eklatante Mängel im Sicherheitsverständnis der Beteiligten hin.«[18] Dieses Wissen hinderte Trittin allerdings nicht daran, auch den Atomkraftwerken mit der »größten Unfallwahrscheinlichkeit« (Greenpeace) im Zuge des Atomkonsenses im Jahr 2000 eine Laufzeit bis weit ins neue Jahrhundert zu gewähren. Und seine schwarz-gelben Nachfolger hinderte die lange Geschichte von Pannen und Vertuschungen nicht, Philippsburg 2 im Herbst 2010 eine Laufzeitverlängerung bis 2033 zuzuweisen. Auch das Atomkraftwerk Krümmel sollte nach der Novelle des Atomgesetzes der schwarz-gelben Koalition eine Laufzeitverlängerung bis 2033 erhalten.

Ein katastrophaler Unfall
durch Materialschwäche ist möglich

Die Bundesregierung beschloss die Laufzeitverlängerung trotz brisanter Enthüllungen durch das ARD-Politik-Magazin KONTRASTE. Jahrzehntelang, so fanden die Autoren heraus, war der sensibelste Teil des AKW Philippsburg, der Reaktordruckbehälter, nicht genügend kontrolliert worden.[19]

Auf die Problematik aufmerksam gemacht hatte schon seit längerem der Wiener Werkstoffphysiker Professor Wolfgang Kromp. Er hatte bereits in den 70er Jahren die Baupläne des österreichischen Atomkraftwerks Zwentendorf studiert und befand, es dabei mit einer Fehlkonstruktion zu tun zu haben. In Österreich ging das Kraftwerk nie ans Netz – da die Bevölkerung in einer Volksabstimmung die Inbetriebnahme ablehnte. In Deutschland dagegen wurde gleich eine ganze Reihe beinahe baugleicher Meiler in Betrieb genommen – Siedewasserreaktoren der sogenannten Baureihe 69: Isar 1 und Philippsburg 1 im Süden, Brunsbüttel und Krümmel im Norden. Ihr schwacher Punkt ist zugleich eine kaum zugängliche Stelle im Inneren des Reaktordruckbehälters, wie der Werkstoffphysiker Wolfgang Kromp erklärt: »Das ist eine Naht, die geht rum um den Druckbehälter in dieser Form, vielleicht 15 Meter lang, und wenn der Druckbehälter unter Druck gesetzt wird, wird diese Naht unter hohen Materialspannungen belastet. So wie ein Blumendraht abbricht, wenn man ihn oft genug biegt.«

Da der Reaktordruckbehälter unter hohem Druck von 70 bar steht und es im Inneren 300 Grad heiß ist, wird das Material extrem beansprucht. Hinzu kommen die freien Neutronen, die das Metall über die Jahre unter Dauerbeschuss nehmen und spröde machen können.[20] Auch nach Berechnungen der Technischen Universität Berlin sind die Belastungswerte dieser Schweißnähte »an der Grenze der Zulässigkeit« – der Autor der Studie, Professor Manfred Zehn von der Technischen Universität Berlin spricht von einer »Konstruktion mit Problemzone«[21]. An der Schweißnaht können kleine Risse entstehen, die sich plötzlich ausbreiten. Kommt es zum Bruch des Reaktordruckgefäßes, entweicht mit hohem Druck Kühlwasser. Der gesamte Reaktordruckbehälter kann wie eine Rakete nach oben schießen und das Containment zerstören. Was passiert, wenn die Brennelemente plötzlich nicht mehr von Wasser umgeben sind, konnten wir in Fukushima beobachten: Sie verlieren ihre Struktur und beginnen zu schmelzen. Professor Wolfgang Kromp skizziert die verheerenden Folgen eines Unfalls wegen Materialschwäche: »Da würde sofort der Dampf heraus explodieren. Die Kühlflüssigkeit würde dann verdampfen und würde sich verlaufen im Gebäude. Wir hätten dann den Beginn einer Katastrophe.«

Aber wie erklärt sich, dass die Anlage trotz dieser Erkenntnisse genehmigt wurde – so wie die anderen betroffenen Kraftwerke in Deutschland? Der Technische Überwachungsverein (TÜV) ist nicht nur für die laufende Überwachung der Technik zuständig, sondern auch am Genehmigungsverfahren für Atomkraftwerke beteiligt. Bei der Prüfung der technischen Ausrüstung von Philippsburg ging man damals von einer Laufzeit für die Atomreaktoren von 40 Jahren aus. Wegen der zahlreichen Pannen wurden auch in diesem Kraftwerk Millionen nachträglich investiert, um die Sicherheit zu verbessern – soweit das bei einer Technik aus den 70er Jahren überhaupt möglich ist. Nur der Reaktordruckbehälter als Kern der Anlage wurde nie ausgetauscht. Die Energiekonzerne E.ON, Vattenfall und RWE erklärten dazu unisono, die Festigkeit der Reaktordruckbehälter werde regelmäßig geprüft – bislang ohne Befunde. Sie seien auf Laufzeiten von bis zu 60 Jahren ausgelegt.

Dass die Schweißnähte gar nicht so einfach zu überprüfen sind, weiß Lars-Olov Höglund zu berichten. Er war zehn Jahre Chefkonstrukteur von Vattenfall für die Atomkraftwerke im schwedischen Forsmark: »Dafür müsste man den gesamten Reaktor auseinandernehmen.« So sieht es auch Professor Manfred Zehn.[22] KONTRASTE-Autor Chris Humbs wollte nun wissen, wie häufig und wie genau die Gutachter vom TÜV im Auftrag der Atomaufsicht Baden-Württembergs die kritischen Schweißnähte im Reaktorinneren inspizieren.[23] Er traf sich mit einem Vertreter dieser Atomaufsicht zum Interview. Die Autoren der Reportage hatten sich gewundert, warum ihnen auf eine Anfrage an die Atomaufsicht des Landesumweltministeriums plötzlich der TÜV geantwortet und behauptet hatte, es gebe »keinen Handlungsbedarf«. Das Interview mit dem Vertreter der Landesatomaufsicht jedenfalls nahm an diesem Tag einen bizarren Verlauf: Im Raum war auch ein Vertreter des TÜV Süd, der nur zuhören wollte, wie er sagte, aber in Wahrheit das Interview seines Auftraggebers überwachte. Der Vertreter der Landesatomaufsicht, Oskar Grözinger, gab nun sein Statement ab: »Während des Betriebs wird der Behälter regelmäßig alle paar Jahre überprüft, und zwar nach den jeweils neuesten geltenden Prüfstandards.« Der KONTRASTE-Autor hakte nach: »Dort, wo ich nicht hinkomme, kann ich nicht prüfen.« Der Mann vom TÜV unterbrach an dieser Stelle das Interview: »Cut … wir haben gesagt: Keine Nachfragen!« Das Interview wurde abgebrochen. Kritische Nachfragen waren unerwünscht, und die heikle Frage, wie man etwas kontrollieren will, was man nicht zu Gesicht bekommt, weil es in den Untiefen des Reaktordruckbehälters verborgen ist, wurde natürlich nicht beantwortet. Aber was machte den TÜV so nervös? Der Grund ist einfach: Nur alle vier Jahre wird der Reaktordruckbehälter in Philippsburg untersucht – und ausschließlich von außen. In dieser Episode äußert sich zugleich die langjährige Verbundenheit der »unabhängigen« Prüforganisation TÜV mit der Branche, die sie prüfen soll: der Atombranche. Würde der TÜV Atomkraftwerke für notwendige Untersuchungen abschalten lassen, müsste er möglicherweise auf eigene Gewinne im dreistelligen Millionenbereich verzichten, folgerte KONTRASTE. Der TÜV Süd ist längst eine auf Gewinn ausgerichtete Aktiengesellschaft. Prüfer und Geprüfte leben in der Atombranche schon seit langem eine symbiotische Beziehung. In einem unter Verschluss gehaltenen Papier des Bundesumweltministeriums von 2008 ist entsprechend von einem »Ungleichgewicht zwischen Behörde und Sachverständigen Organisationen« die Rede. Die »große Betreibernähe des TÜVs beeinträchtigt die Qualität und Unabhängigkeit der Begutachtung.«[24] Der TÜV Süd bestreitet allerdings einen Zusammenhang zwischen diesen Vorgängen und seinen Gewinnabsichten.

Ähnlich wie die Zuständigkeiten des TÜVs in Deutschland ist auch die deutsche Atomkraftwerkslandschaft wirtschaftlich und geografisch einfach einzuteilen. Wirtschaftlich betreiben die vier Strommonopolisten RWE, E.ON, EnBW und Vattenfall Atomkraftwerke. Die meisten stehen im südlichen Deutschland bis zur Mainlinie, die übrigen im hohen Norden. Und während im Süden im Jahr 2001 die Reaktoren Philippsburg und Neckarwestheim für Schlagzeilen sorgten, taten es im Norden die Atomkraftwerke Brunsbüttel und Krümmel.

Das Atomkraftwerk Brunsbüttel wurde 1977 nach siebenjähriger Bauzeit in Betrieb genommen. Zunächst betrieben die landeseigenen Hamburger Electricitäts-Werke HEW Brunsbüttel und Krümmel, ab 2002 übernahm der schwedische Energiekonzern Vattenfall die Mehrheitsanteile. Der markante schwarze Block um den Brunsbütteler Reaktor ist von Beginn seines Betriebs häufiger in den Fernsehnachrichten zu sehen gewesen – mit dem Wort Pannenreaktor tut man Brunsbüttel nicht Unrecht. Seit Betriebsbeginn war er nur 57,6 Prozent der Zeit verfügbar, da ganze Serien von Pannen ein Anfahren des Reaktors verhinderten.[25] Brunsbüttel ist damit Schlusslicht unter den 17 deutschen Atomkraftwerken und zugleich ein Beweis dafür, dass Pannenanfälligkeit nicht nur mit dem Alter eines Kraftwerks zusammenhängt. In einer Dokumentation über das Gefährdungspotenzial der ältesten Siedewasserreaktoren führt Greenpeace eine Reihe schwerwiegender Vorfälle in Brunsbüttel auf – der erste nur wenige Monate nach Inbetriebnahme: »Am 18. Juni 1978 entwichen durch ein Leck an einer Dampfleitung zwei Tonnen radioaktiven Dampfs in die Atmosphäre. Nach Auftreten der Leckage lief der Reaktor noch fast drei Stunden weiter. Ein automatisches System hätte ihn nach fünf Minuten abschalten müssen, wurde aber von der Betriebsmannschaft manipuliert, um die Anlage am Netz zu halten. Dieses Verhalten zeigte schon damals einen bedenklichen Mangel an Sicherheitskultur – es wurde eindeutig nach dem Grundsatz ›Wirtschaftlichkeit vor Sicherheit‹ gehandelt. Ein Trend, der sich fortsetzte und seinen bisherigen Höhepunkt bei der Knallgasexplosion im Dezember 2001 hatte.«[26]

Der Betrieb von Brunsbüttel begann überdies mit einer

Lüge – der Lüge durch Verschweigen –, denn zwei Tage lang erfuhr niemand außerhalb des Kraftwerks von dem schwerwiegenden Unfall. Auch in diesem Fall hat einem Kraftwerksmitarbeiter, der sich anonym bei der Deutschen Presseagentur meldete, das Gewissen geschlagen.[27]

Wasserstoffexplosion im Reaktor Brunsbüttel

Am 14. Dezember 2001 ereignete sich der wohl schwerste Störfall in einem deutschen Reaktor. Bei vollem Betrieb platzte eine Rohrleitung und nur wenige Meter vom Reaktordruckbehälter kam es zu einer Knallgasexplosion – also einer Reaktion aus Wasserstoff und Sauerstoff.[28] Knallgas entsteht bei der Radiolyse, also der Aufspaltung von Wasser in seine Bestandteile Wasserstoff und Sauerstoff. Unter normalen Umständen wird es in Atomkraftwerken mit dem Dampf an die Umwelt abgegeben. Nicht aber an diesem Wintertag 2001. Da diese Gefahr unter Kraftwerksbetreibern bekannt ist, gibt es normalerweise zahlreiche Überwachungs- und Sicherheitseinrichtungen, die eine solche Explosion verhindern. Nicht aber in Brunsbüttel, kritisierte 2005 der Greenpeace-Gutachter und Reaktorexperte Helmut Hirsch: »Solche Einrichtungen fehlten jedoch an der kritischen Stelle in Brunsbüttel. Sicherheitstechnisch gravierend am Ereignis in Brunsbüttel ist nicht nur, dass es überhaupt zu einer Knallgasexplosion kommen konnte, sondern dass dies in unmittelbarer Nähe des Reaktordruckbehälters (RDB) geschah. Wäre die Knallgasblase etwa 3 bis 4 Meter weiter in Richtung RDB gewandert, wäre es zu einem Kühlmittelverlustunfall gekommen, das heißt, es wäre ein Leck entstanden, über das Kühlwasser beziehungsweise Dampf aus dem Reaktor entwichen wäre. Die dann einsetzenden Notkühleinrichtungen können eigentlich laut Auslegung Kühlmittelverluststörfälle beherrschen. Dies trifft jedoch nicht mehr zu, wenn durch eine Explosion zusätzlich zu dem Leck weitere Schäden entstehen. Durch die Explosion in Brunsbüttel wurde eine Leitung auf einer Länge von ca. 2,7 Metern komplett zerstört. Ein abgerissenes freies Rohrleitungsende schlug gegen den Innenbeton des Sicherheitsbehälters. Die umherfliegenden Trümmer der geborstenen Rohrleitung beschädigten u.a. Kabeltrassen, die RDB-Wärmedämmung, die Druckkammersprühleitung und Lüftungskanäle. Die Druckwelle im Sicherheitsbehälter erzeugte Beschädigungen an Lampen und Berstmembranen. Die bei weitem größte Gefahr ging von den über 30 Bruchstücken der Rohrleitung aus, die mit hoher Geschwindigkeit wie Geschosse durch die Gegend geschleudert wurden.«[29]

Im Nachhinein stellte sich heraus, dass die Mannschaft in der Reaktorwarte die Lage völlig falsch eingeschätzt hatte. Sie deutete Kontrollanzeigen nach der Explosion als Leckage an einer Flanschverbindung und sperrte diesen Bereich per Fernbedienung ab. Dass sie damit das Problem behoben hatte, war nach Ansicht des Greenpeace-Experten Hirsch ein schwerer Irrtum. Wie bei vielen Störfällen spielte auch hier menschliches Versagen eine große Rolle.

Aber wie reagierten die Behörden auf einen so folgenschweren Unfall? Zunächst gar nicht, denn der Kraftwerksbetreiber meldete ihn schlicht nicht. Erst Tage später erfuhr die Atomaufsichtsbehörde des Landes Schleswig-Holstein von dem Störfall. Sie leitete ein Aufsichts- und Prüfverfahren ein, sah aber keinen Anlass, den Reaktor herunterzufahren. Erst nach intensiven Diskussionen mit Gutachtern und infolge begründeter Zweifel an der Fachkunde und Zuverlässigkeit der verantwortlichen Mitarbeiter, entschloss sich die Behörde zu handeln. »Die Kritikpunkte betrafen insbesondere: die Verweigerung einer Inspektion trotz Vorgaben des Betriebshandbuches bis zur konkreten Androhung einer entsprechenden Anordnung seitens der Aufsichtsbehörde, die Nichtmeldung des Ereignisses gemäß der Meldeverordnung sowie die ungenügende Beachtung und verharmlosende Interpretation der Informationen aus der Betriebsinstrumentierung. Die Überprüfung zeigte Schwachstellen, vor allem im Bereich der technischen Diagnostik, der Arbeitsorganisation sowie bei der Anwendung von Vorschriften.«[30]

Bezahlte Lobbyexperten verdrehen die Wahrheit

Dennoch wurde der Reaktor nicht heruntergefahren. Allerdings rollten in der Leitungsebene des Kraftwerks Köpfe: der Anlagenleiter, der Sicherheitsbeauftragte sowie sein Stellvertreter wurden entlassen – was arbeitsrechtlich bedeutet, dass ihr Fehlverhalten schwerwiegend genug gewesen sein muss. Ein Jahr und einen Monat lang stand der Reaktor still und wurde am 26. März 2003 wieder angefahren. Welche Mängel, welches Fehlverhalten den Brunsbütteler Reaktor so unsicher gemacht haben, erfuhr die Öffentlichkeit nie. Im Gegenteil, Vattenfall versucht nun, mit Hilfe einer »Expertenkommission« die Bevölkerung zu beruhigen. Dafür spricht auch die Zusammensetzung dieser Kommission, darunter der atomkraftfreundliche frühere Geschäftsführer der Gesellschaft für Anlagen- und Reaktorsicherheit, Adolf Birkhofer; Richard Gaul, der als selbstständiger Kommunikationsberater und ehemaliger Leiter des Bereichs »Konzernkommunikation und Politik der BMW AG« vorgestellt wird – ein klassischer Lobbyist. Ebenso Peter Hans Hirt, Präsident des Lobbyverbands »Swissnuclear«; und Winfried Hacker, emeritierter Professor für Organisationspsychologie. Letzterer war zugleich Mitglied in einer Kommission mit dem staatstragenden Titel »Internationale Länderkommission Kerntechnik (ILK) – eine Organisation, die Windenergie kritisiert, die schon 2005 eine Laufzeitverlängerung für Atomkraftwerke über 40 Jahre hinaus forderte und mit erstaunlichen Behauptungen die Sicherheit deutscher Kernkraftwerke hervorhob: »Die deutschen Kernkraftwerke sind gegen terroristische Einwirkungen durch die bestehende Auslegung, zusätzliche Sicherungsmaßnahmen der Betreiber und auf staatlicher Ebene getroffene Maßnahmen geschützt; alle diese Maßnahmen reduzieren die Attraktivität der Kernkraftwerke als Zielobjekte.«[31] Die Atomländer Bayern, Baden-Württemberg und Hessen hatten die ILK als Gegengewicht zur atomskeptischen Reaktorsicherheitskommission gegründet. Solche Experten empfahlen in Sachen Brunsbüttel und Krümmel – das wegen eines Trafobrands abgeschaltet war –, Schulungen für das Personal durchzuführen, um Fehler wie bei den vorangegangenen Störungen zu beheben, denn: »Die Kernkraftwerke KKB und KKK entsprechen in ihrer sicherheitstechnischen Ausstattung einem modernen Stand.«[32]

Ziel der Aktion war es, Vattenfall Rückenwind für seine Anträge zu geben, die pannenbehafteten Reaktoren Brunsbüttel und Krümmel schnell wieder ans Netz zu bringen: »Die Expertenkommission empfiehlt eine zügige Umsetzung der identifizierten Kurzfristmaßnahmen. Die Expertenkommission ist der Ansicht, dass nach Umsetzung dieser Kurzfristmaßnahmen die Voraussetzungen für eine zügige Wiederinbetriebnahme der Kernkraftwerke Brunsbüttel und Krümmel gegeben sind.« Die Wahrheit sah indes anders aus, als die

Lobbyisten-Experten es der Öffentlichkeit vermitteln wollten. Denn die Atomaufsicht von Schleswig-Holstein schritt bei der Mängelaufnahme in Brunsbüttel schnell voran. Sie ließ eine mehrere Hundert Punkte umfassende Mängelliste unter dem Titel »Stellungnahme der Gutachtergemeinschaft zur KKB-PSÜ v. 21.06.2006« erstellen.[33] Doch auf juristisches Betreiben des Energieriesen Vattenfall durfte sie nicht veröffentlicht werden. Alle Versuche der Umweltorganisation Deutsche Umwelthilfe, das Gutachten in die Hände zu bekommen, scheiterten damals am Widerstand Vattenfalls.[34] Dem Atomenergieexperten der Deutschen Umwelthilfe, Gerd Rosenkranz, gelang es jedoch, ein wissenschaftliches Extrakt des Gutachtens aus einer anonymen Quelle zu erhalten. Rosenkranz hat dieses Extrakt systematisch analysiert und kommt zu einem erschreckenden Fazit: »Dem Atomkraftwerk Brunsbüttel fehlten mindestens fünf Jahre lang 165 Sicherheitsnachweise, ohne dass dies erkennbare Rückwirkungen auf die Betriebsgenehmigung gehabt hätte.«[35]

Seit 2007 ist der Reaktor nicht mehr am Netz – zu viele Pannen hatten sich gehäuft, so am 28. Juni 2007: Wegen eines Stromnetzdefekts außerhalb der Anlage schaltete sich der Reaktor automatisch ab. Hierdurch kam es zu einem Schwelbrand an der Turbine durch ausgetretenes Turbinenöl. Auch hatte ein Steuerstab bei der Schnellabschaltung nur verzögert reagiert. Eine solche Verzögerung ist hochbrisant, müssen doch die Steuerstäbe einwandfrei funktionieren, um im Fall von Störfällen die Abschaltung des Reaktors zu gewährleisten. Trotz dieser Vorfälle ließ Vattenfall den Reaktor zwei Tage später wieder ans Netz. Nach Bekanntwerden der erneuten Pannen musste Vattenfall vorerst aufgeben. Zwar hatte das Unternehmen in Kenntnis der eigenen Probleme sogar noch einen Antrag auf Laufzeitverlängerung gestellt – aber damit drang der Konzern nicht durch. Auf der Internetseite des heute für die Atomaufsicht zuständigen schleswig-holsteinischen Justizministeriums heißt es: »Das Kernkraftwerk Brunsbüttel liegt seit Mitte 2007 still. Ursache hierfür ist eine Reihe meldepflichtiger Ereignisse. Gegenwärtig wird noch eine ganze Reihe von Sanierungsarbeiten durchgeführt. Es geht um die notwendige Optimierung des Sicherheitssystems, die Entmaschung der Notstromversorgung, die Sanierung von Dübelverbindungen und von Stahlbühnen, den Austausch von Transformatoren und diesbezügliche Abnahme- und Funktionsprüfungen sowie die Sanierung bzw. den Austausch von Armaturen, Flanschen und Kleinleitungen aufgrund von Rissen infolge transkristalliner Spannungsrisskorrosion.«[36]

Allein diese aktuelle Aufstellung straft alle vorherigen Aussagen Lügen, die Anlage sei sicherheitstechnisch auf einem »modernen Stand«. Im Herbst 2010 konnte Vattenfall dennoch Hoffnung schöpfen, noch einmal Geld mit diesem ältesten Reaktor Deutschlands zu verdienen. Die von der schwarz-gelben Bundesregierung beschlossene Laufzeitverlängerung hätte dem Altmeiler noch eine Gnadenfrist bis 2020 eingeräumt.

Der Transformatorbrand von Krümmel

Immerhin, im Fall Krümmel setzte sich Vattenfall wieder einmal durch. Das Kraftwerk hatte 2007 einen schweren Störfall erlebt. Ähnlich wie in Philippsburg 2 betraf diese Geschichte einen Reaktor »neueren« Baujahrs: Das Kernkraftwerk Krümmel produziert seit 1985 an der Elbe Strom. Nach dem Trafobrand und dem Kühlwasserabfall, den technischen Pannen und Missverständnissen unter dem Bedienpersonal, warf

Gitta Trauernicht, die für die Atomaufsicht zuständige Sozialministerin von Schleswig-Holstein, Vattenfall Desinformation vor: »Die Öffentlichkeit ist in die Irre geführt worden mit einer Presseinformation, die deutlich machte, dass es angeblich keinen Zusammenhang zwischen dem Brand und dem nuklearen Bereich gegeben habe. Das ist eine glatte Fehlinformation.«[37] Vattenfall weist den Vorwurf der Desinformation energisch zurück. Bis 2009 kämpfte der Konzern um die Genehmigung, den Reaktor wieder anzufahren. Denn an jedem Tag verliert ein Kraftwerksbetreiber im Schnitt 1 Million Euro, wenn ein Reaktor keinen Strom erzeugt. Andererseits sollen die Pannen Vattenfall rund 200 000 Kunden gekostet haben, so behaupten es Kritiker. Mit großen Anzeigen und einer Kundenhotline versuchte man, das zerstörte Vertrauen zurückzugewinnen. Selbst den Geschäftsführer von Vattenfall Europe wechselte man aus. Stattdessen saß nun der Diplom-Psychologe Hans-Jürgen Cramer auf dem Posten des Vorstandschefs von Vattenfall Europe – ein Mann, der sich bislang vor allem um Ausbildung, Personal- und Organisationsentwicklung gekümmert hatte. Geht es jetzt mehr um Seelenmassage für verängstigte Bürger – oder gar um psychologische Kriegführung? Denn die Lage ist bedrohlich für den Betreiber des notorischen Pannenreaktors. Dem WDR gab der neue Vattenfall-Chef ein Interview und dabei Altbekanntes zum Besten: »Wir brauchen ein starkes energetisches Rückgrat, damit wir die Zukunft gestalten können. Und dazu gehört für mich Kernenergie. Wir haben sie, wir betreiben sie sicher. Sie ist wirklich verfügbar. Es sind Milliardenwerte volkswirtschaftlicher Natur, und wir sollten sorgsam damit umgehen.« Doch Krümmel sollte weder volkswirtschaftlich noch betriebswirtschaftlich ein Erfolg werden.

Manchmal ist es beruhigend zu wissen, dass auch Staatslenker nicht über eigene Hellseher verfügen. Die wahlkämpfende Bundeskanzlerin Angela Merkel sagte am 15. Juni 2009: »Wenn ich sehe, wie viele Kernkraftwerke weltweit gebaut werden, dann wäre es wirklich jammerschade, sollten wir aus diesem Bereich aussteigen.« Ein Satz, der weniger nach der viel zitierten »Brückentechnologie« klingt als vielmehr vom Glauben an eine nukleare Zukunft zeugt. Die Bundeskanzlerin konnte sich entsprechend freuen, dass gegen Proteste von Bürgern und Demonstranten und gegen das Votum von Reaktorexperten vier Tage später das Atomkraftwerk Krümmel wieder ans Netz ging: Am.19. Juni 2009 durfte Vattenfall den Reaktor wieder reaktivieren. Doch sofort kam es zu weiteren Zwischenfällen und am 4. Juli zu einer folgenschweren Reaktorschnellabschaltung. Wieder war ein Kurzschluss in einem der Transformatoren der Grund. Den Vorfall meldete übrigens nicht der Chef des Kraftwerks, sondern die alarmierte Polizei.[38] Erst nach 40 Minuten war die zuständige Atomaufsicht informiert. Und der wiederum erneuerte Geschäftsführer von Vattenfall Europe, Ernst Michael Züfle, entschuldigte sich öffentlich für die Informationspolitik: »Ich will ganz deutlich sagen, dass dies für uns nicht akzeptabel ist.«

Seither steht Krümmel still. Der jetzt vom Kurzschluss betroffene 33 Jahre alte Transformator war das Pendant zu dem durch den Brand 2007 zerstörten. Über die Ursache des Kurzschlusses konnte Vattenfall keine Angaben machen. Denn man hatte nicht einmal die Ursache des ersten Kurzschlusses mit nachfolgendem Brand jemals ermitteln können, wie Vattenfall-Chef Züfle zugibt. Durch den Brand und die Zerstörung sei eine vollständige Ursachenermittlung damals nicht möglich gewesen.[39] Wie sich später herausstellte, hatte die Schnellabschaltung 2009 fatale Folgen: Wegen eines defekten Brennelements stieg die Radioaktivität im Kühlwasser. Auch das Kühlwasser-Reinigungssystem war defekt. Wieder einmal hatte das Unternehmen aus dem hohen Norden mit ganz schlechter Presse zu kämpfen.

Immerhin eilte Vattenfall nun ein ganz wichtiger Mann aus dem tiefen Süden zur Seite. Der heutige EU-Energie-Kommissar und damalige baden-württembergische CDU-Ministerpräsident Günther Oettinger hat sich gleich nach dem erneuten Zwischenfall in Krümmel lautstark zu Wort gemeldet. Er sei dagegen, Krümmel ungeprüft wieder vom Netz zu nehmen. Generell sei er für unbegrenzte Laufzeiten deutscher Atomkraftwerke im Fall eins schwarz-gelben Wahlsiegs: »Für alle Kernkraftwerke, die dem Stand der Technik entsprechen, werden wir die Laufzeitbeschränkungen aufheben.« Und das gelte auch für Krümmel: »Wenn die technischen Voraussetzungen stimmen, ist Krümmel ein Kraftwerk mit Zukunft.«

Es scheint, dass die Nachrichten von »normalen« Störungen in deutschen Atomkraftwerken in einer jahrzehntelangen Endlosschleife sind. Und ihre Stichworte lauten: falsche Dübel, Kurzschlüsse, defekte Brennelemente, absinkendes Kühlwasser, fehlende Kühlwasserreinigung, Fehlbedienung durch das Personal. Handelte es sich um Störungen in Lebensmittelkühlhäusern, wären diese vermutlich schon stillgelegt. Die Atombranche jedoch hat nicht aufgegeben und mit der schwarz-gelben Laufzeitverlängerung ihren wohl bislang größten Lobbyerfolg erlebt. Bis zur Katastrophe von Fukushima.

3

Die Legende vom
rot-grünen Atomausstieg

*Wie Gerhard Schröder und die Konzerne
die Grünen über den Tisch zogen*

Es gibt Worte, die bringt der SPD-Vorsitzende Sigmar Gabriel
mit besonderem Schwung über die Lippen. Zum Beispiel das
Wort »Schrottreaktoren«[1]. Das sagte er schon als Bundesumweltminister in der großen Koalition mit der CDU, und er hat
es noch öfter gesagt, seit die schwarz-gelbe Bundesregierung
die Laufzeiten für die ältesten Siedewasserreaktoren Deutschlands 2010 um noch einmal acht Jahre per Gesetz verlängert
hat – und die SPD in der Opposition sitzt. Auch die Grünen
lieben dieses Wort. Fraktionschefin Renate Künast sagte im
Wahlkampf zur Bundestagswahl 2009: »Wer will, dass alte
Schrottreaktoren wie Krümmel abgeschaltet werden, muss
mit uns gegen eine schwarz-gelbe Koalition im Bund kämpfen.« Bis November 2005 hatten beide Regierungsparteien –
SPD und Grüne – die Gelegenheit dazu. Zwei Legislaturperi-
oden lang trugen sie die Verantwortung für die Atomaufsicht
des Bundes. Das Wort »Schrottreaktoren« ist von roten und
grünen Politikern in dieser Zeit nicht in den Archiven zu finden. Denn die rot-grüne Bundesregierung ist in der eigenen
Wahrnehmung bereits am 14. Juni 2000 aus der Atomenergie

ausgestiegen. Seither war in den Medien und der Öffentlichkeit stets vom »Atomkonsens« und vom »rot-grünen Atomausstieg« die Rede. Die Folge dieser Vereinbarung war: Die von SPD und Grünen so scharf als »Schrottreaktoren« bezeichneten Atomkraftwerke wären noch länger als ein Jahrzehnt am Netz geblieben – Biblis A und B bis 2011, Isar 1 bis 2012, Brunsbüttel bis 2013, Philippsburg 1 bis 2013, Unterweser bis 2013, und der für seine schweren Pannen berühmt-berüchtigte Reaktor in Krümmel sogar bis 2021. Da der »rot-grüne Ausstieg« den Konzernen auch die Möglichkeit einräumte, Reststrommengen von alten auf neuere Kraftwerke zu übertragen, wäre das letzte Kraftwerk theoretisch erst im Jahr 2028 vom Netz gegangen.[2] Die Einlösung des zentralen grünen Wahlversprechens hätte 28 Jahre in Anspruch genommen.

1998 versprachen die Grünen den Sofortausstieg

Nach Fukushima mögen beide Parteien an ihre jüngste Geschichte nicht so gern erinnert werden. Das fällt schon bei der Suche nach den entsprechenden Dokumenten auf. So finde ich auf der Internetseite der Grünen nur das jüngste Wahlprogramm von 2009 und die Bundesdelegiertenbeschlüsse nur ab 2002. Das hat vermutlich nichts mit dem Mangel an Speicherplatz zu tun. Und die SPD bietet erst gar keinen Rückblick über das, was man einst beschlossen hatte, getreu dem historischen Zitat des CDU-Bundeskanzlers Konrad Adenauer: »Was interessiert mich mein Geschwätz von gestern?« Denn beide Parteien waren vor der historischen Wahl 1998, die sie an die Macht brachte, mit eindeutigen Wahlversprechen angetreten. Im Wahlprogramm von Bündnis 90/ Grüne hieß es: »Die Stromversorgung in Deutschland wäre auch sichergestellt, wenn alle Reaktoren (AKWs) sofort abgeschaltet würden. Wir werden alle zur Verfügung stehenden administrativen, wirtschaftlichen und legislativen Mittel wie ein Atomausstiegsgesetz nutzen, um die Forderung nach dem sofortigen Ausstieg umzusetzen. Ziel ist eine entschädigungsfreie Stilllegung, sie darf jedoch nicht zur Bedingung für den Atomausstieg werden.«[3] Im SPD-Wahlprogramm hieß es: »Die SPD-geführte Bundesregierung wird die Weichen stellen für eine sichere Energieversorgung ohne Atomkraft. Die SPD-geführte Bundesregierung wird alles unternehmen, um die Nutzung der Atomkraft so schnell wie möglich zu beenden. Wegen ihrer großen Sicherheitsrisiken mit der Gefahr unübersehbarer Schäden ist die Atomkraft nicht zu verantworten. Hinzu kommt die ungelöste Entsorgungsfrage.«[4] In der Frage des sofortigen Ausstiegs war die SPD zu jener Zeit ehrlicher. Aber auch vergesslicher: Wenige Monate nach der Katastrophe von Tschernobyl 1986 hatte der Bundesparteitag der SPD bereits beschlossen, nach einer Regierungsübernahme den Atomausstieg binnen zehn Jahren abzuschließen. Dann hätten wir heute seit 2008 schon kein einziges Atomkraftwerk mehr in Deutschland.

Angesichts solcher Zeiträume und dann doch ausbleibender Konsequenzen hatte die SPD die Nuklearbranche bereits positiv konditioniert, und ihre Botschaft lautete: Was nach einer Katastrophe beschlossen wird, hat politisch kurze Halbwertszeiten. Und so war es auch im Jahr 2000: Zwar verkündete die rot-grüne Koalition einen Atomausstieg in Deutschland, doch der Anlauf zum tatsächlichen Ausstieg war so lang, dass die damalige Opposition aus Union und FDP prompt ankündigte, diesen Ausstieg eines Tages rückgängig zu machen. Angela Merkel verkündete direkt nach Abschluss der Konsensverhandlungen: »Wir werden, wenn wir an der Regierung sind, diesen Ausstieg nicht weiter verfolgen.«[5] Und damit hatte sie den Mund keineswegs zu voll genommen, denn ein handfester Ausstieg sieht anders aus. Wer die Fragen, die sich angesichts der rot-grünen Atomlüge auftun, beantworten will, kann nicht um ein kraftvolles Motiv vieler Spitzen-Grüner, aber auch der SPD herumreden: den Machthunger. Der kann, wenn er gepaart mit Gestaltungswillen ist, durchaus die Gesellschaft verändern. Aber gab es diesen Gestaltungswillen wirklich?

Werfen wir einen Blick auf diese Zeit des rot-grünen Aufbruchs. Für die Grünen war es eine historische Chance, rund zwei Jahrzehnte nach ihrer Gründung Regierungspartei in der Bundesrepublik zu werden. Die SPD wiederum hatte beinahe ebenso lange machtpolitisch im Trockendock verbracht. Insbesondere lohnt es, die Hauptprotagonisten unter die Lupe zu nehmen, um das Handeln der beiden Parteien bewerten zu können – denn so wie die SPD eine »Schröder-Partei« war, waren die Grünen eine »Joschka-« beziehungsweise »Fischer-Partei«. Am 27. September 1998 hatten die beiden es geschafft – Schröder, der einst als junger Juso am Zaun des Kanzleramtes in Bonn gerüttelt hatte, und Fischer, der sich einst in Frankfurt am Main Straßenschlachten mit der Polizei geliefert hatte. Welchen Stellenwert hatte der Machtwille dieser beiden Männer bei den etwa dreijährigen Verhandlungen, an deren Ende der Atomkonsens mit den vier Energiekonzernen in Deutschland stand? Gerhard Schröder strebte gleich zu Beginn seiner Kanzlerschaft einen Konsens mit den großen Konzernen über die Wirtschafts- und Arbeitsmarktpolitik an: In Anlehnung an den »New Deal« der britischen Labour-Partei von Tony Blair wollte Schröder der Wirtschaft entgegenkommen – durch Steuersenkungen, Deregulierung und Privatisierung. Im Gegenzug versprach er sich Arbeitsplätze. Während der Atomausstieg zur Kernmarke der Grünen gehörte, war er für Schröder eine von vielen Verhandlungspositionen bei seinem großen Deal mit der Wirtschaft. Die Grünen wiederum sahen die Gefahr, bei allzu großem Beharren auf einen schnellen Ausstieg aus der Regierung zu fliegen.

Rot-Grün konditionierte die Atomlobby – und die Atomlobby sie

Diesen sogenannten realpolitischen Kurs hatte Joschka Fischer schon zuvor in der rot-grünen Koalition von 1985 bis April 1987 in Hessen praktiziert – und beinhart gegen innerparteiliche Kritiker durchgesetzt. Nach der Reaktorkatastrophe in Tschernobyl im April 1986 sah der damalige Ministerpräsident Holger Börner keinen Anlass, die Atomenergie zu überdenken, und Fischer ließ seinen »Chef« gewähren. Brisanter noch waren die damals in Hessen betriebenen Nuklearfabriken, die das hochgiftige Plutonium in Brennelemente einsetzten. Fischer stand unter innerparteilichem Druck, nachdem die Bundesversammlung der Grünen 1986 beschlossen hatte, die Grünen in Hessen müssten die Koalition bis Jahresende aufkündigen, wenn nicht bis dahin unter anderem das Atomkraftwerk Biblis A und B und die Brennelementefabriken Nukem und Alkem stillgelegt sein würden. Immerhin ermittelte seit Mai 1986 die Staatsanwaltschaft Hanau gegen die Brennelementefabriken Nukem und Alkem wegen illegalen Betriebs einer Atomanlage[6] – eigentlich eine Steilvorlage für den grünen Minister. *Der Spiegel* schrieb damals: »Obwohl in Hanau der gefährlichste Stoff auf Erden, Plutonium, verarbeitet wird, leisteten sich die Behörden unglaubliche Schlamperei: Sie duldeten gesetzwidrige Plutoniumlager, die Betriebe haben den Rechtsstatus einer Schwarzbrennerei.«[7] SPD-Ministerpräsident Holger Börner machte Fischer trotzdem klar, eine sofortige Stilllegung käme nicht infrage. Joschka Fischer schluckte es. Beide Parteien hatten schon im kleinen hessischen Experiment eine Erfahrung verinnerlicht: Durch ihre Handlungsunfähigkeit konditionierten sie die Atomlobby, und die Atomlobby konditionierte sie. Erst als hinter seinem Rücken das hessische SPD-Wirtschaftsministerium in einem Brief an den atomfreundlichen Bundesumweltminister Walter Wallmann von der CDU ankündigte, einer Ausweitung der Plutoniumproduktion in Hessen nicht im Weg zu stehen, drohte Fischer auf dem hessischen Landesparteitag im Februar 1986 in Hessen mit Rücktritt. Er hatte offenkundig nicht damit gerechnet, dass Ministerpräsident Börner diesen angedrohten Rücktritt prompt annahm – die erste rot-grüne Koalition war am Ende. Jutta Ditfurth, damals im Bundesvorstand der Grünen, notiert in ihrem Buch *Krieg, Atom, Armut – Was sie tun, was sie reden: Die Grünen*[8], Fischer sei damals sehr frustriert gewesen, habe sogar über einen Ausstieg aus der Politik nachgedacht. Zugleich habe er aber 1987 auch einen »sofortigen Atomausstieg« für »irreal« erklärt – eine Äußerung, die ihm die Austrittsforderung der Grünen Nordrhein-Westfalens bescherte. Nach dieser Vorgeschichte muss man davon ausgehen, dass Fischer im Umgang mit einer industriefreundlichen SPD und der Atomlobby in seiner hessischen Zeit bestens geschult war. Die SPD wiederum wusste, dass auf ihn machtpolitisch Verlass war, denn er hatte die Koalition nicht aktiv platzen lassen, und schon gar nicht wegen der Atomfrage. Und Gerhard Schröder hatte noch 1997 als Ministerpräsident von Niedersachsen an einem Konsenspapier zur Energieversorgung mit der CDU-geführten Bundesregierung mitgewirkt, wonach es einen »rechtlichen Bestandsschutz« für vorhandene Atomkraftwerke geben solle. Im Gegenzug versprach die CDU eine Fortführung der Steinkohle-Subvention.[9]

Nach der Bundestagswahl 1998 schmiedeten die Wahlsieger SPD und Bündnis 90/Grüne in einer rekordverdächtigen Zeit von drei Wochen eine Koalitionsvereinbarung als Grundlage der Regierungspolitik. Darin hieß es: »Der Ausstieg aus der Nutzung der Kernenergie wird innerhalb dieser Legislaturperiode umfassend und unumkehrbar gesetzlich geregelt.«[10] Zwar war das nicht mehr annähernd die Umsetzung eines »sofortigen Ausstiegs«, wie es die Grünen ihren Wählern versprochen hatten, aber immerhin die klare Abmachung, dass dieser Ausstieg »unumkehrbar« sein müsse. Die neuen Partner vereinbarten auch, dass diese Regelung in Konsensverhandlungen mit der Energiewirtschaft erreicht werden solle – allerdings mit einer Frist von einem Jahr nach Regierungsantritt. Dazu würde es aber nicht kommen. Denn was die Republik nun erlebte, war ein zweieinhalb Jahre dauernder Krimi mit einem überraschenden Ende.

Rainer Baake erinnert sich an diesen Krimi noch heute sehr genau. Der heutige Bundesgeschäftsführer der »Deutschen Umwelthilfe« war während der rot-grünen Koalition Staatssekretär im Bundesumweltministerium unter Minister Jürgen Trittin. Er war an allen wesentlichen Verhandlungen innerhalb der Bundesregierung, aber auch mit den Atomkonzernen beteiligt. Im Nachhinein, sagt Baake, seien die Jahre 1998 bis 2002 das einzige Zeitfenster für die Grünen gewesen, einen Atomausstieg in Deutschland durchzusetzen. Gleich nach der Wahl am 27. September 1998 verhandelte Rainer

Baake für die Grünen mit dem damals parteilosen designierten Bundeswirtschaftsminister Werner Müller den schwierigen Passus der Koalitionsvereinbarung zwischen SPD und Grünen zum Atomausstieg aus. Müller, ein ehemaliger Energiemanager, habe damals überhaupt kein neues Atomgesetz gewollt und sei für eine öffentlich-rechtliche Vereinbarung mit den Stromkonzernen eingetreten. Doch einigte sich Baake mit Müller auf ein zweistufiges Vorgehen: Zunächst sollte schnell das Atomgesetz in einigen Punkten geändert werden: vor allem der Förderzweck des Gesetzes sollte gestrichen werden. Der sah vor, dass der Staat die friedliche Nutzung der Kernenergie zu fördern hatte. Die Einigung der beiden Männer wurde so in die Koalitionsvereinbarung von SPD und Grünen übernommen – als Grundlage der künftigen Regierungspolitik.

Nach der Regierungsübernahme beauftragte Bundesumweltminister Jürgen Trittin folgerichtig seine Ministerialbeamten, einen Entwurf für eine Novelle des Atomgesetzes zu erarbeiten. Noch vor Beginn der Verhandlungen mit den Energiekonzernen hatten die Trittin-Ministerialbeamten die in der Koalition vereinbarte Rücknahme der Atomgesetz-Novelle der Kohl-Regierung fertiggestellt. Sie sah vor, dass die Massentransporte von abgebrannten Brennelementen aus deutschen Atomkraftwerken in ausländische Wiederaufarbeitungsanlagen wie La Hague in Frankreich oder Sellafield in Großbritannien gesetzlich ab sofort untersagt würden. Trittin argumentierte damals folgerichtig, dass nur auf gesetzlichem Weg eine spätere Entschädigungsforderung der Konzerne abgewendet werden könne.

Aber es kam alles anders. Am 16. Dezember 1998 wollte Bundesumweltminister Trittin seinen Gesetzesentwurf im Bundeskabinett vorstellen. Doch Bundeskanzler Schröder persönlich kassierte den Entwurf und verdonnerte Trittin, sich mit Bundeswirtschaftsminister Werner Müller, einem ehemaligen Energiemanager, zu einigen. »Der Kanzler hat die Reißleine gezogen aus Gründen, die ich bis heute nicht genau weiß. Und er hat Jürgen Trittin wegen angeblicher Absichten, mit dem Kopf durch die Wand zu wollen, vorgeführt«, erinnert sich Baake. Für ihn persönlich sei das ein sehr einschneidendes Ereignis gewesen, das viel Vertrauen zerstört habe. »Und es ist mir klargeworden, es ist jetzt ein Machtspiel nicht nur zwischen Regierung und Atomwirtschaft, sondern innerhalb der Koalition. Mir wurde da klar, wo die Macht im Staat ist, und wo sie nicht ist. Und welchen Einfluss die vier Atomkonzerne haben, selbst in Richtung Bundeskanzler.« Das Vorgehen Schröders war ein klarer Affront gegen die Grünen und ein erster Bruch des Koalitionsvertrags, der ja diese Atomgesetz-Novelle vorsah. Doch Trittin und die anderen Spitzengrünen zogen aus ihrer Brüskierung keine Konsequenzen. Wenig später hielt sich Gerhard Schröder auch den ersten Schritt zu den Konsensverhandlungen persönlich vor und traf den Vorstandssprecher der Hamburger Electricitäts-Werke, Manfred Timm, der zugleich die Haltung der übrigen AKW-Betreiberkonzerne koordinieren sollte. Am 26. Januar 1999 gab der Kanzler eine Pressekonferenz zum Auftakt der Konsensgespräche. Ein Text, der die Grünen wiederum hätte misstrauisch machen müssen, wurde verteilt. Denn im Anhang des Textes stand:

»2.1 Die sog. Restlaufzeiten sind einvernehmlich festzule-
gen.
2.2 Der Betrieb der Kernkraftwerke ist bis zum Ende der Restlaufzeiten sicherzustellen.«[11]

Kaum vier Monate nach der Bundestagswahl hatte Bundeskanzler Gerhard Schröder damit eine wichtige Verhandlungsposition der rot-grünen Bundesregierung gegen die Energieriesen aufgegeben, bevor die Gespräche überhaupt richtig
begannen. Er gestand ihnen ein Vetorecht hinsichtlich der
Restlaufzeiten und eine Garantie für das Weiterbetreiben der
Altmeiler zu – die Energieriesen hatten damit schon gewonnen, bevor die Schlacht begonnen hatte. Die Grünen ließen
Schröder trotzdem gewähren. In der Verhandlungskommissi-
on saßen von Regierungsseite Kanzler Schröder, Wirtschaftsminister Werner Müller (parteilos) und Umweltminister Jürgen Trittin samt ihrer Staatssekretäre. Auf der anderen Seite
saßen die Vertreter der Atomkonzerne RWE, EnBW, Viag AG
und VEBA AG (heute fusioniert zu E.ON). Zwei Männer in
dieser Runde allerdings kannten sich auf beiden Seiten aus:
Werner Müller war bis 1992 Generalbevollmächtigter, also
Cheflobbyist der VEBA AG gewesen[12] und Gerald Hennenhöfer von der Viag AG. Aber das störte weder Schröder noch
die grünen Verhandlungsführer, die gewissermaßen von zwei
Seiten eingekesselt von Energielobbyisten waren.

Die große Ausstiegslüge

Bereits im Juni 1999 hatte die Verhandlungsrunde erste
Grundzüge des künftigen Atomkonsenses festgezurrt. In einem ersten Entwurf verständigte man sich auf eine maximale

Zeitdauer für die Restlaufzeiten der deutschen Atomkraftwerke: Unter Punkt 14. hieß es: »Unabhängig von diesem öffentlich-rechtlichen Vertrag zur Laufzeitbegrenzung wird diese auf maximal 40 Kalenderjahre ab Inbetriebnahme gesetzlich begrenzt.«[13] 40 Jahre Laufzeit! Das bedeutete nicht mehr und nicht weniger, als dass alle Atomkraftwerke nicht nur so lange betrieben werden dürfen, bis sie sich wirtschaftlich amortisiert haben, also in der Regel 25 Jahre, sondern bis sie ohnehin zu verschrotten sind. Denn die meisten Reaktoren sind für Betriebszeiten bis maximal 40 Jahre geplant worden, allerdings zu einer Zeit, in der man die Verschleißrisiken von hohem Druck, Hitze und Neutronenbeschuss noch nicht im Blick hatte wie heutzutage. 40 Jahre Laufzeit bedeutete, dass nach dem rot-grünen Atomausstieg mancher Reaktor länger laufen würde, als er technisch überhaupt in der Lage war zu laufen. Der bayerische Landtagsabgeordnete der Grünen, Volker Hartenstein, saß damals für die bayerischen Grünen in der »Arbeitsgruppe Atomausstieg«, die beim Bundesumweltministerium des neuen Ministers Jürgen Trittin angesiedelt war. Seine Kritik war schon damals präzise: »Die Befristung auf 40 Jahre Volllastbetrieb ist kein Ausstieg aus der Atomenergie, sondern bedeutet bestenfalls ein Auslaufenlassen der Kraftwerke über einen Zeitraum hinaus, der den Betreibern bislang selbst rentabel erschien: Von insgesamt 14 AKWs, die in den Industrieländern zwischen 1989 und 1997 stillgelegt wurden, sind nämlich 13 nur zwischen 15 und 24 Kalenderjahren am Netz gewesen. Nur eines hatte 26 Jahre lang Strom produziert.« Mit wenigen Sätzen entlarvte der grüne Landtagsabgeordnete schon damals die rot-grüne Ausstiegslüge. Allerdings ohne Reaktion. Der ehemalige grüne Staatssekretär Rainer Baake sagt heute, die Entscheidung für den Atomkonsens sei allen damals »ausgesprochen schwergefallen«. Die

Frage der Laufzeiten sei bis zu letzten Verhandlungsrunde offen gewesen. »Diese Zahl hat damals der Kanzler festgelegt, und zwar in der Abschlussrunde, gegenüber der Atomwirtschaft und auch gegenüber Jürgen Trittin.« Baake verteidigt die grüne Haltung von damals. Es habe zwar seit Tschernobyl immer klare Mehrheiten für einen Atomausstieg in der Bevölkerung gegeben, nicht aber im Deutschen Bundestag. Im Bundeskabinett hätten die Grünen eine SPD-Justizministerin und einen SPD-Innenminister gegen sich gehabt, die einen Ausstieg gegen den Willen der Konzerne für einen Eingriff in deren Eigentumsrechte hielten. »Und wir hatten einen Bundeskanzler, der den Atomausstieg nur in Übereinstimmung mit den Atomkonzernen machen wollte.« Trotzdem war der Atomkonsens in seinen Augen ein Erfolg, weil es gelungen sei, die Laufzeiten überhaupt zu begrenzen. »In den USA laufen Reaktoren bis zu 60 Jahren«, sagt Baake. Sein ehemaliger Chef im Bundesumweltministerium, Jürgen Trittin, hatte übrigens leider keine Zeit für ein Interview.

War der Atomkonsens trotzdem in Teilbereichen ein Erfolg gegen die Begehrlichkeiten der Atomwirtschaft? Eine zweite Formulierung in der Vereinbarung mit den Atomkonzernen strafte alle bisherigen Argumente der Grünen Lügen. Dass eine Branche Abfall produziert, der auch in Hunderttausenden von Jahren noch giftig und strahlend genug sein und die Menschheit bedrohen würde, war und ist das Hauptargument gegen die Atomkraft. In jedem Jahr produzieren die deutschen Atomkraftwerke rund 400 Tonnen hochradioaktive abgebrannte Brennelemente – 400 Tonnen Abfall, für deren Verbleib es bis heute keine Lösung gibt, da noch kein geeignetes Endlager gefunden wurde. Neben den Hunderttausenden Todesopfern, die die Atomenergie bis heute forderte, ist die Abfallfrage die größte Hypothek dieser Energieform.

Die Atombranche wiederum hatte längst eine »Lösung« entwickelt, allerdings in Deutschland nicht durchgesetzt. Abgebrannte Brennelemente sollten in Wiederaufarbeitungsanlagen chemisch in ihre Bestandteile zerlegt werden. Ursprünglich war diese Technologie ein Produkt der militärischen Nutzung der Atomenergie, denn man gewann dabei auch waffenfähiges Plutonium. In der französischen Wiederaufarbeitungsanlage La Hague wurden auch aus Deutschland abgebrannte Brennelemente chemisch aufgetrennt. Ein Teil des daraus gewonnenen Plutoniums wurde dann in einer Plutoniumfabrik neuen Uranium-Plutonium-Mischoxid-Brennelementen (MOX) zugesetzt, die dann in deutschen Kernkraftwerken wieder eingesetzt wurden. Durch das beschönigend genannte »Wiederaufarbeitungsverfahren« vervielfacht sich die Gesamtmenge radioaktiver Abfälle, denn nur wenige Prozente des Abfalls werden tatsächlich wiederverwendet. Die Grünen wollten 1998 wenigstens diesen besonders lebensgefährlichen Zyklus der Atombranche beenden und die Massentransporte in Wiederaufarbeitungsanlagen sofort verbieten. Im Konsenspapier vom Juni 1999 schluckten sie allerdings auch diese Kröte: »18. E/B [Energieversorger und Bundesregierung] verpflichten sich, abgebrannte Brennelemente nur noch bis spätestens Ende 2004 in ausländische Wiederaufarbeitungsanlagen zum Zwecke der Wiederaufarbeitung und Rezyklierung zu verbringen unter der Voraussetzung, dass bis Ende 1999 Transporte in diese Anlagen wieder möglich sind.«[14]

Dass Tausende Atomkraftgegner, einst die Anhänger der Grünen, gegen die hochgefährlichen Castor-Transporte auf die Straße gegangen waren und die Prügel der Polizei in Kauf genommen hatten, spielte schon zu diesem Zeitpunkt keine Rolle mehr. Das Papier garantierte den Konzernen die Weiterführung der Plutoniumwirtschaft in Deutschland bis 2004 –

und das mit Zustimmung eines grünen Bundesumweltministeriums. Dafür mussten sich grüne Spitzenpolitiker zur damaligen Zeit vor ihrer Basis rechtfertigen.

Vor dem grünen Parteitag in Karlsruhe im März 2000 ist die Situation für die rot-grüne Bundesregierung brenzlig. Mittlerweile waren die Koalitionäre übereingekommen, eine 30-jährige Ausstiegsfrist als Verhandlungslinie zu halten – auch sollte symbolisch das erste AKW noch in der ersten Legislaturperiode, also bis 2002, vom Netz gehen – es waren Beruhigungspillen für die Basis. Denn viele Delegierte wollten nicht einfach schlucken, dass statt der grünen Wahlforderung zum »sofortigen Ausstieg« jetzt, da sie mitregierten, plötzlich 30 Jahre länger Atomkraft betrieben werden sollte. In einem Brief versuchte Bundesumweltminister Jürgen Trittin die Delegierten auf Linie zu bringen.[15] Er schrieb, wie schwierig es gewesen sei, mit dem SPD-geführten Justizministerium, dem Kanzleramt und dem Wirtschaftsministerium eine gemeinsame Linie für einen entschädigungsfreien Ausstieg zu verhandeln. Sein Ministerium gehe davon aus, dass Atomkraftwerke nach durchschnittlich 25 Jahren amortisiert seien und daher per Gesetz abgeschaltet werden könnten, ohne juristisch einen Eingriff auf das Eigentum der Konzerne und somit Entschädigungszahlungen riskieren zu müssen. Denn die Entschädigungsfreiheit beim Atomausstieg war von SPD und Grünen in der Koalitionsvereinbarung festgelegt worden. Trittin erklärte dann, eine gemeinsame Linie mit den anderen Ministerien sei nur bei einer Laufzeit von 30 Jahren für alle Reaktoren zu machen gewesen. Doch dann schrieb er einen überaus verräterischen Satz: »Diese 30-Jahresfrist warf aber ein Problem auf: Bei zwei Anlagen – Stade und Obrigheim – hätte eine solche Befristung wie ein Sofortausstieg gewirkt.« Nun gab es die Möglichkeit, entschädigungsfrei wenigstens bei zwei Kraftwerken grüne Wahlkampfversprechen einzulösen, und der grüne Bundesumweltminister sah genau darin das Problem, es könne wie ein »Sofortausstieg« wirken – also wie die Einlösung eines Wahlversprechens. Nebulös berief sich Trittin nun in dem Brief auf die SPD-geführten Ressorts Kanzleramt und Justizministerium: »Aus verfassungsrechtlichen Gründen war bei diesen zwei Anlagen nach Auffassung der Verfassungsressorts eine Übergangsfrist von drei Jahren einzuräumen.« In seinem Brief an die grünen Delegierten nannte er trotzdem verbindliche Zeiträume für den Ausstieg. Er köderte die Basis durch ein neues Versprechen: dass die ersten Atomkraftwerke bereits in der ersten Legislaturperiode vom Netz gehen würden – und zwar Stade und Obrigheim. Vorausgesetzt, die Grünen-Basis gefährde den Kompromiss nicht: Denn in diesem Fall wären »die Folgen bekannt – für den Fall eines Ausstiegs im Dissens wären diese beiden Anlagen erst am 31. Dezember 2002, also nach der Bundestagswahl, vom Netz gegangen. Unsere Antwort darauf war das Angebot an die Betreiber, durch eine Flexibilisierung von Laufzeiten innerhalb eines festen Rahmens von Restlaufzeiten, dennoch die Stilllegung von Anlagen noch in dieser Wahlperiode zu erreichen. Dennoch gilt es festzuhalten:

- Es geht um 30 Jahre nach der Inbetriebnahme der AKWs und nicht um 30 Jahre von heute an gerechnet.
- Die daraus resultierenden Restlaufzeiten für die AKWs betragen zwischen drei und 18 Jahren.
- Es geht nicht um 30 plus 3. Es geht um 30 Jahre für alle AKWs mit den zwei Ausnahmen Stade und Obrigheim, die auf 31½ und 34,9 Jahre kämen.«[16]

Den wahren Hintergrund der Ausnahmeregelung im Fall Obrigheim allerdings erfuhren die grünen Delegierten damals nicht. Denn Bundeskanzler Schröder hatte längst ein geheimes Übereinkommen mit dem Chef des Atomkonzerns EnBW, Gerhard Goll, getroffen, dass das Atomkraftwerk Obrigheim nicht schon 2002 vom Netz müsse – doch dazu später. Am Ende haben es Joschka Fischer und Jürgen Trittin knapp geschafft. Die Bundesdelegiertenversammlung im Juni 2000 stimmte dem Atomkonsens mit einer knappen Mehrheit von 396 zu 339 Stimmen zu.[17] Allerdings beinhaltet der Beschluss auch, dass noch in der ersten Legislaturperiode die ersten Atomkraftwerke vom Netz gehen müssen – eine Forderung, die sich allerdings auch nicht erfüllen sollte. Die grüne Bundestagsfraktion schwenkte sogar schneller als die Parteibasis auf den Konsenskurs ihrer Führung ein – die Angst vor dem Ende der Koalition und vor dem Verlust von Macht und Posten war wohl zu groß. Denn Bundeskanzler Schröder sah den Atomkonsens als einen Teil seiner neuen Gesellschaftskonzeption. Und da hieß es: Geben und Nehmen. Zumal den Energiekonzernen genau diese Tatsache sehr bewusst war. Um Rot-Grün auf ihrer Linie zu halten, schreckten die Bosse auch vor blanker politischer Erpressung nicht zurück. So berichtete *Der Spiegel* im Januar 1999: »RWE-Chef Dietmar Kuhnt ließ bereits durchblicken: Wenn die Atomgespräche nicht zur Zufriedenheit der Industrie ausfielen, könne der Kanzler sein Prestigeprojekt ›Bündnis für Arbeit‹ auch gleich vergessen.«[18]

Schröders Geheimdeal mit EnBW

Nach einem guten halben Jahr härtester Verhandlungen war es am 14. Juni 2000 so weit. Bundeskanzler Schröder persönlich hatte zur letzten Verhandlungsrunde geladen – neben den Vertretern der Atomkonzerne waren Wirtschaftsminister

Müller, sein Staatssekretär Alfred Tacke, Jürgen Trittin und Rainer Baake dabei.

Nachdem auch die Frage der Laufzeiten geklärt war, weigerte sich plötzlich der Vorstandsvorsitzende von EnBW, Gerhard Goll, zu unterschreiben. Baake und die anderen Teilnehmer sahen nun, wie Gerhard Schröder mit Goll die Runde verließ. Sie zogen sich in das Arbeitszimmer des Kanzlers im ehemaligen Staatsratsgebäude der DDR zurück, wo vorübergehend das Kanzleramt untergebracht war. »Danach war Goll bereit zu unterzeichnen. In diesem Gespräch muss es eine Zusage von Schröder gegeben haben«, erinnert sich Rainer Baake, »aber ich kenne den Inhalt bis heute nicht und glaube auch nicht, dass Jürgen Trittin ihn kennt.«

Genau zwei Jahre später waren Baake und Trittin umso überraschter. SPD und Grüne hatten die Bundestagswahl am 22. September 2002 knapp gewonnen. Die Grünen hatten an Stimmen deutlich zugelegt – es waren gute Voraussetzungen, selbstbewusster bei den Verhandlungen aufzutreten. Für die atomkritischen Grünen war auch klar, dass das Atomkraftwerk Obrigheim nach dem Atomgesetz am Jahresende 2002 abgeschaltet werde. Doch sie täuschten sich wieder einmal. Denn wenige Tage nach der Bundestagswahl hatte der Atomkonzern EnBW beim Bundesumweltministerium einen Antrag auf Laufzeitverlängerung bis 2005 gestellt. Zu dieser Zeit verhandelten SPD und Grüne gerade über ihren neuen Koalitionsvertrag. Es war ausgerechnet Bundeskanzer Gerhard Schröder, der das heikle Thema Obrigheim in die Runde warf, erinnert sich Rainer Baake. Schröder forderte eine Lösung für EnBW, ihren 33 Jahre alten Reaktor noch einmal eine Zeit länger laufen zu lassen. »Er sagte, er stehe im Wort bei dem EnBW-Vorstandsvorsitzenden Goll, und es habe eine Verabredung gegeben, die nicht in der Konsenvereinbarung niedergelegt sei.« Daraufhin genehmigte das Bundesumweltministerium unter dem Grünen Trittin eine Übertragung der Reststrommengen des jüngeren Kraftwerks Philippsburg auf Obrigheim – eine »Ausnahmeregelung«, die Rot-Grün bereits in seinem neuen Atomgesetz zugelassen hatte. Schröder hielt sein persönliches Wort gegenüber der EnBW, einem Konzern, der – wie alle anderen Atomkonzerne – kaum acht Jahre später sein Wort brach. *Der Spiegel* berichtete nach der Bundestagswahl 2002, Bundesumweltminister Jürgen Trittin sei im Jahr 2000 von Schröder über den Deal mit Goll informiert worden.[19] Und Trittins Ministerium habe den Deal obendrein politisch gegen die Kritik von Atomkraftgegnern abgesichert: Um eine unangenehme öffentliche Debatte über den Altmeiler zu vermeiden, hätten EnBW und das Bundesumweltministerium vereinbart, dass EnBW einen offiziellen Antrag auf Laufzeitverlängerung erst nach der Bundestagswahl 2002 stelle, schrieb *Der Spiegel* unter Berufung auf Informationen, die offenkundig in der Umgebung von Gerhard Schröder gestreut wurden.

Rainer Baake weist diese Behauptung strikt zurück. Er könne zwar nicht ausschließen, dass irgendjemand in der Regierung ein solches Abkommen mit EnBW getroffen habe, das Bundesumweltministerium jedenfalls nicht: »Dass EnBW Obrigheim länger betreiben wollte, war uns klar, ich kann auch nicht ausschließen, dass die gesagt haben, wir wollen Reststrommengen von neuen Reaktoren auf Obrigheim übertragen. Aber da haben wir Nein gesagt.« Baake ist sich in dem heiklen Punkt sicher: »Wir haben nie gesagt, dass wir die Bundestagswahl abwarten wollten. In jedem Fall bleibt diese Episode des rot-grünen Atomausstiegs eine äußerst unappetitliche. Denn sie zeigt, dass auch die erste rot-grüne Bundesregierung eine Methode des Durchregierens gelernt hatte: Lügen durch »Weglassen«.

Doch zurück zum 14. Juni 2000 – zum Abschluss der Vereinbarung über den Atomausstieg mit den Energiekonzernen. Nach eineinhalb Jahren zermürbender Verhandlungen legte Bundeskanzler Schröder an diesem Tag sein letztes Angebot vor: 2500 Terawattstunden dürften die deutschen Atomkraftwerke noch produzieren. Zum Vergleich: Allein im Jahr 2000 produzierten deutsche Atomkraftwerke gut 160 Terawattstunden Strom.[20] Die Strommenge, die alle Reaktoren noch produzieren durften, entsprach nach Schröders Aussage einer Gesamtlaufzeit von 32 Jahren.[21] Über die Zeit der Amortisation konnten die Konzerne darüber hinaus noch viele Jahre Milliarden an der Atomenergie verdienen. »Sie können sich unser Angebot jetzt noch einmal genau überlegen«, soll Schröder gesagt haben und sich seinem Bier gewidmet haben.[22] Das Bier brauchte er sicherlich, denn er hatte ohnehin angeboten, was die Konzernchefs sich erträumt hatten: eine garantierte Fortführung der Atomenergienutzung für viele Jahrzehnte. So hieß es in der Vereinbarung: »Bei Einhaltung der atomrechtlichen Anforderungen gewährleistet die Bundesregierung den ungestörten Betrieb der Anlagen.«[23]

32 Jahre Atomkraft
oder 32 Jahre Opposition

Während die rot-grüne Regierung ihren »Erfolg« feierte, brachte *Focus* damals die Geschichte auf den Punkt: »Zwei Sieger, ein Verlierer: Der kleine Koalitionspartner konnte sich gegen Schröder und Industrie nicht durchsetzen.« Die *Frankfurter Neue Presse* kommentierte: »So geschmeidig wie die Grünen ist noch nie eine Parteiführung unter den Tisch gekrochen, über den sie ihre satanischen Feinde einst ziehen wollte.« Und die traditionell atomfreundliche *Bild*-Zeitung notierte genüsslich: »Der angebliche Atomausstieg ist eine Atombombe. Die liegt im Keller der Grünen und tickt und tickt.« Der Verrat an den eigenen Idealen und Wahlversprechen war offenkundig. *Focus* zitiert einen Vertreter der Grünen-Spitze: »Wir haben die Wahl zwischen 32 Jahren Laufzeit und 32 Jahren Opposition. Knallt der Kompromiss, knallt auch die Koalition, und wenn wir aus der Regierung fliegen, sind die Grünen politisch am Ende.« Solche Aussagen und das Taktieren der Spitzenleute um Joschka Fischer und Jürgen Trittin bei den Atomkonsensverhandlungen sprechen dafür, dass es den Grünen bei dem angeblichen »Atomausstieg« vor allem um eines ging: den eigenen Machterhalt in der rot-grünen Bundesregierung. Statt des »sofortigen Ausstiegs«, der nach Berechnungen des Trittin-Ministeriums selbst nach 25 Jahren Laufzeit sogar ohne Entschädigung möglich gewesen wäre, stand nun eine durchschnittliche Laufzeit von 32 Jahren. Das Datum, an dem in Deutschland das letzte Atomkraftwerk vom Netz gehen würde, konnte die rot-grüne Bundesregierung nie benennen. Denn der Vertragstext sah ausdrücklich vor: »Die EVU können Strommengen (Produktionsrechte) durch Mitteilung der beteiligten Betreiber an das BfS von einem KKW auf ein anderes KKW übertragen.«[24] Wird ein Atomkraftwerk aufgrund von Pannen zu unwirtschaftlich, können die Konzerne die vertraglich für jedes Kraftwerk vereinbarte Reststrommenge auf jüngere Kraftwerke übertragen. Die Laufzeit der neueren Kraftwerke kann auf diese Weise weiter hinausgezögert werden. Von dieser Möglichkeit machte gleich nach dem Atomkonsens der Konzern RWE Gebrauch, allerdings übertrug er die Reststrommenge sogar von einem Atomkraftwerk, das unter rechtswidrigen Umständen errichtet worden war, auf andere bestehende Kraftwerke. Es handelte sich um das erdbebengefährdete Atomkraftwerk Mülheim-Kärlich. Obwohl das Atomkraftwerk per richterlichen Beschluss bereits 1988 vom Netz genommen werden musste, spielte die Konzernleitung von RWE auf Zeit. In der Hoffnung auf eine Wiederinbetriebnahme hielt RWE das Kraftwerk trotzdem bis ins Jahr 2001 betriebsbereit. So wurde es zu einer Art nuklearem Pfand gegen die Atomausstiegspläne der rot-grünen Bundesregierung – das sich wiederum für RWE auszahlte. Denn obgleich das Atomkraftwerk rechtswidrig errichtet war, kamen die rot-grünen Verhandler Gerhard Schröder, Bundesumweltminister Jürgen Trittin und Wirtschaftsminister Werner Müller RWE entgegen. So wird das längst stillgelegte Kraftwerk im Anhang der Vereinbarung mit einer Reststrommenge von 107,5 Terawattstunden aufgeführt. Die geplante Strommenge eines illegal errichteten Kraftwerks konnte RWE so auf andere Kraftwerke übertragen – übrigens eine Strommenge, die allein mehr als zwei Drittel einer jährlichen Stromproduktion aller Atomkraftwerke entsprach. So ließ sich RWE eine Investitionsruine noch nachträglich vom Staat vergolden.

Aber warum haben die Grünen alle diese Winkelzüge Gerhard Schröders und Werner Müllers mitgetragen? Rainer Baake ist noch heute sicher, dass es falsch gewesen wäre, wegen dieser Widrigkeiten den Atomkonsens platzen zu lassen. Das hätten »die Wähler den Grünen nie verziehen«, sagt Baake und verweist auf deren Stimmenzuwachs bei der Bundestagswahl 2002. Dass der rot-grüne Atomausstieg nicht einmal unumkehrbar war, führte die schwarz-gelbe Regierung Merkel ein Jahrzehnt später mit der Laufzeitverlängerung vor. War es nicht naiv von den Grünen, beim Atomausstieg auf die Unterschriften von Vorstandvorsitzenden der Atomkonzerne zu vertrauen? Rainer Baake antwortet nicht direkt. Die Konzernchefs hätten sich damals verpflichtet und nun alles vergessen: »Ehrbare Kaufleute sehen anders aus.«

Doch zurück zur These der »Schrottreaktoren«, die heute so populistisch vom SPD-Vorsitzenden Gabriel und Jürgen Trittin im Mund geführt wird. Hat der rot-grüne Atomkonsens wenigstens auf dem Gebiet der Reaktorsicherheit neue Maßstäbe gesetzt? Das Gegenteil ist der Fall. So heißt es unter Punkt 3 der Vereinbarung mit den Energieriesen:

»3 Sicherheitsanforderungen

3.1 Beibehaltung des derzeitigen gesetzlichen Sicherheitsstandards.«

Eine Erhöhung der Sicherheitsstandards – aus welchen Gründen auch immer – schloss die rot-grüne Koalition damit aus. Gäbe es heute noch eine rot-grüne Regierung, verstieße sie mit einem Moratorium à la Merkel gegen ihren eigenen Vertrag. Einst angetreten, der Atomwirtschaft ein Ende zu bereiten, hatte sie sich damit selbst an die Wand gespielt. Selbst aufgrund neuer Erkenntnisse hätte die Bundesregierung keine gesetzlichen Verschärfungen durchsetzen können, ohne den langfristigen Atomausstieg zu gefährden. Vielleicht erklärt das auch den bereits beschriebenen Verzicht des Bundesumweltministeriums 2004, Atomkraftwerke und Zwischenlager zwingend mit terror- und flugzeugabsturzsicheren Containments zu versehen. Wir erinnern uns: Das Bundesumweltministerium hatte mehr als ein Jahr lang eine Studie über die Absturzunsicherheit der Reaktoren der Öffentlichkeit vorenthalten. Der frühere Staatssekretär Rainer Baake steht noch heute zu dieser Entscheidung. »Das waren im höchsten Maße sicherheitsrelevante Informationen. Wir wollten alles versuchen, um zu verhindern, dass diese

Informationen in falsche Hände geraten und haben sie deshalb als Verschlusssache behandelt.« Nach dem 11. September, sagt Baake, sei der Bundesregierung klargeworden, dass Selbstmordattentate mit Passagiermaschinen kein »Restrisiko« mehr darstellten. Man habe damals von den Atomkraftbetreibern gefordert, die alten, ungeschützten Anlagen vom Netz zu nehmen und die Reststrommengen auf neuere Reaktoren zu übertragen. »Die Betreiber haben dann bestritten, dass mit einem Passagierflugzeug ein Reaktor getroffen werden kann«, sagt Baake. »Das konnte von unserer Seite nicht so ohne weiteres widerlegt werden.« Deshalb wurde die Gesellschaft für Anlagen- und Reaktorsicherheit beauftragt, diese Risiken zu prüfen. Über mehrere Wochen unternahm man Tests am Flugsimulator in Berlin sowohl mit ausgebildeten Piloten als auch mit Fluglaien. »Das Ergebnis war: Es geht mit einer sehr hohen Wahrscheinlichkeit, wenn auch nicht unter allen Umständen«, erklärt Baake. Als Reaktion darauf hätten die Atomkraftwerksbetreiber das Konzept der Vernebelung vorgeschlagen. Als Piloten damals argumentierten, Terroristen könnten ihre Ziele dank GPS trotzdem orten, habe das Bundesverkehrsministerium behauptet, GPS könne man im Fall eines Angriffs technisch stören. Wäre das nicht ein Augenblick gewesen, alte Reaktoren sofort vom Netz zu nehmen, frage ich Baake. »Mit einem Konsensplan der Regierung wäre das möglich gewesen. Sie hätten dafür die Sicherheitsbehörden, also das Bundesinnenministerium und das Kanzleramt, gebraucht, die hätten mitspielen müssen«, antwortet Baake, »aber weder das Kanzleramt noch das Innenministerium hätten das mitgetragen, das haben sie auch ganz klar gesagt.«

Baake und Trittin saßen nach dieser Version in einer prekären Falle. Baake zufolge war es unmöglich, das heikle Thema offen in der Koalition zu diskutieren, weil die Verwundbarkeit der Atomreaktoren dadurch öffentlich geworden wäre. »Niemand hätte die Verantwortung übernehmen wollen, wenn etwas passiert wäre. Wir reden hier von Zehntausenden von Toten.« So gelang es den Atomkonzernen trotz gravierender Sicherheitslücken ihre Altmeiler selbst während der rot-grünen Regierungsjahre am Netz zu halten. Das brisante Beispiel zeigt zugleich: Während auf politischer Seite im Jahr 2000 Union und FDP nur auf den Augenblick der Machtübernahme warten mussten, konnten sich die Energiekonzerne beruhigt zurücklehnen und auf die Umkehrung des Atomausstiegs hoffen. Mit ihrem langfristigen Atomausstieg hat die Schröder/Fischer-Regierung sehenden Auges gegen ein weiteres fundamentales Versprechen verstoßen, das sogar im Koalitionsvertrag stand: Dem zufolge musste der Atomausstieg »gesetzlich unumkehrbar« sein. Von wegen: Nicht einmal zehn Jahre später verlängerte die Regierung Merkel/Westerwelle sogar die Laufzeiten der ältesten, unsichersten Atomkraftwerke. Wer sprach da noch von privat-öffentlichen Verträgen mit den Energiekonzernen? Diese sind nach dem Gesetz vor allem ihren Aktionären verpflichtet – und natürlich dem Atomgesetz. Einen gesetzlichen Ausstieg hätte die rot-grüne Bundesregierung glasklar und unumkehrbar gestalten können, wenn auf allen Seiten der politische Wille vorhanden gewesen wäre. Im Grunde hätte es genügt, von den Atomkraftwerksbetreibern das einzufordern, was jede Autowerkstatt tun muss: Sie muss nachweisen, wo sie Altöle entsorgt hat. Stattdessen räumte die rot-grüne Bundesregierung den Atomkraftwerksbetreibern das Recht ein, abgebrannte Brennelemente neben den Kraftwerken »zwischenzulagern«, bis ein Endlager für hochradioaktiven Müll gefunden ist. Der Atomkritiker Wolfgang Ehmke brachte die eigentlichen Möglichkeiten für Rot-Grün, den Ausstieg unumkehrbar zu machen, 2004 in der Wochenzeitung *Freitag* auf den Punkt: »Wenn ab Juli 2005 keine abgebrannten Brennelemente mehr zur Wiederaufarbeitung nach La Hague oder Sellafield transportiert werden dürfen, müssen die kraftwerksnahen Zwischenlager bereitstehen, sonst gäbe es keinen Entsorgungsnachweis für die AKW-Betreiber. Das wäre der Hebel für die Stilllegung der Atomkraftwerke schlechthin – eine verlockende Idee.«[25] In der Vereinbarung über den Atomkonsens hatte die rot-grüne Bundesregierung allerdings verbindlich erklärt, auf solche Hebel zu verzichten. Sie blieb vertragstreu, anders als die Atomkonzerne ein Jahrzehnt später.

Die rot-grüne Atompolitik unterhöhlte demokratische Regeln

Insbesondere für die Grünen bedeutete der Atomkonsens eine Zerreißprobe. Mit nur knapper Mehrheit hatte die grüne Basis dem Konsens zugstimmt – unter Auflagen, wie der Beendigung der Wiederaufarbeitung und dem Abschalten des ersten Atomkraftwerks bis 2002. In dem Konsenspapier war keine der Forderungen mehr enthalten. Der Atomkonsens von 2000 war nicht mehr als eine Laufzeitgarantie für die Atomkonzerne. Und auch der demokratischen Kultur hat die damalige Bundesregierung geschadet: Denn Gesetzesinitiativen können verfassungsgemäß in der Bundesrepublik entweder das Parlament oder Ministerien einbringen – nicht aber monatelange Kungelrunden aus Ministern und den Vorständen von Energiekonzernen. Die rot-grüne Bundesregierung setzte diese gute demokratische Tradition außer Kraft – und das nicht nur in der Atompolitik, schließlich trägt die Arbeitsmarktreform noch heute den Namen eines ehemaligen

VW-Vorstands. Trotzdem stimmten die Fraktionen von SPD und Grünen am 1. Dezember 2001 dem Ausstiegsgesetz auf Basis der Vereinbarung mit den Energiekonzernen zu – gegen die Stimmen von Union und FDP. Die damalige PDS stimmte gegen das Gesetz, weil sie einen schnelleren Atomausstieg wollte.

An den Grünen ist diese Zeit nicht ganz spurlos vorübergegangen. Die Partei verlor fast 10 000 Mitglieder, die sich wohl an einstige Beschlüsse noch erinnerten. »Für diese Lösung hätte es die Grünen nicht gebraucht«, äußerte frustriert der damalige wirtschaftspolitische Sprecher der Grünen-Fraktion, Werner Schulz. Und Antje Radcke, gemeinsam mit Gunda Röstel Parteichefin, hält den Kompromiss für schlicht nicht tragbar.[26]

Es gibt Menschen in Deutschland, die vergessen nicht so schnell. Es sind Menschen, die sich einsetzen und sich auch mal hinsetzen, wenn es darum geht, den Machenschaften der Atomlobby Einhalt zu gebieten. So kommt es, dass die Parteispitzen der Grünen heute noch nicht gern auf den Demonstrationen gegen Atomtransporte, Endlager und Kraftwerke gesehen sind, auch wenn sich die Roths und Özdemirs gern unter den Demonstranten von Kameras ablichten lassen.

Die wahren Sieger von damals waren unbestritten Gerhard Schröder, Joschka Fischer, Jürgen Trittin und der Fraktionschef der Grünen Rezzo Schlauch, der die Abgeordneten stets auf Linie gebracht hatte und nach dem Konsens jubilierte: »Wir haben es geschafft, den Zweck des Atomgesetzes umzudrehen.«[27] Sie gewannen kurz darauf auch knapp die Bundestagswahl 2002.

Auf der Siegerseite waren auch zwei Männer, die aufseiten der rot-grünen Bundesregierung mit verhandelt und dafür gesorgt hatten, dass die Grünen eine Position nach der anderen aufgaben: Bundeswirtschaftsminister Werner Müller und sein Staatssekretär Alfred Tacke. Später kam heraus, dass Minister Müller ab 2002 bereits eine Rente von seinem früheren Arbeitgeber E.ON bezog.[28] Nach seinem Ausscheiden aus dem Kabinett wechselte Müller direkt auf den Vorstandschefposten der Ruhrkohle AG, die zu 40 Prozent dem Atomkonzern E.ON gehörte. Auch sein Staatssekretär Alfred Tacke, einer der Mitunterzeichner des rot-grünen Atomkonsens-Vertrags mit den Energiekonzernen, bekam nach seinem Ausscheiden einen lukrativen Anschlussjob: Er wurde am 1. Dezember 2004 in den Vorstand der Steag AG berufen, einer Tochter der Ruhrkohle AG, danach avancierte er sogar zum Vorstandsvorsitzenden der Steag, die zu den Atomkonzernen E.ON und RWE gehört. Und auch Rezzo Schlauch, der bis dahin Fraktionsvorsitzender der Grünen war, profitierte. Zunächst wurde er im Herbst 2002 parlamentarischer Staatssekretär im Bundeswirtschaftsministerium unter dem SPD-Minister Wolfgang Clement. Nach seinem Ausscheiden aus der Politik 2005 wurde der Rechtsanwalt Rezzo Schlauch Mitglied im Beirat des baden-württembergischen Atomkonzerns EnBW. Nach eigenen Angaben ist er dort für die Weiterentwicklung der regenerativen Energien zuständig. Bundeswirtschaftsminister Wolfgang Clement, der Nachfolger von Werner Müller im zweiten rot-grünen Kabinett, machte im Februar 2008 plötzlich als Atomlobbyist von sich reden. Er hatte mittlerweile einen Aufsichtsratsposten bei dem Atomkonzern RWE Power bekommen. Bei der Wintertagung des Lobbyverbands Deutsches Atomforum im noblen Berliner Maritim-Hotel war er der Hauptredner. Dabei nahm er die atomkritische Haltung der SPD in Hessen unter Andrea Ypsilanti aufs Korn. Scharf kritisierte er das Festhalten der SPD am Atomausstieg als »antiquiert« und »absurd«[29]. Er forderte, die Laufzeiten der Atomkraftwerke zu verlängern.

Rot-Grün förderte die Atomkraft im Ausland

Als größten Erfolg feierten Jürgen Trittin und seine Grünen die Tatsache, dass es in Deutschland keinen Neubau von Atomkraftwerken mehr geben werde. Aber, um mit der ehemaligen Grünenvorsitzenden Antje Radcke zu sprechen: Brauchte es dazu die Grünen? Bereits seit den 90er Jahren erwog kein Energiekonzern mehr einen Atomkraftwerksneubau in Deutschland oder Mitteleuropa – aus ökonomischen Gründen. Anders sah die Lage im Ausland aus. Und dort verschaffte ausgerechnet die rot-grüne Regierung deutschen Atomkraftwerksherstellern die nötigen Geldspritzen, um im nahen und fernen Ausland uralte und risikoreiche Reaktorprojekte zu verwirklichen. Die atomkritische Organisation Internationale Ärzte für die Verhütung des Atomkrieges (IPPNW) hat diesem dunklen Kapitel rot-grüner Politik eine ganze Dokumentation über die »Atomenergie-Förderpolitik der Regierung Schröder« gewidmet.[30] Im Zentrum dieser Förderpolitik stehen die sogenannten Hermes-Bürgschaften. Der Versicherungskonzern Euler-Hermes AG sowie die Beratungsgesellschaft PricewaterhouseCoopers AG sind berechtigt, im Namen der Bundesrepublik Anträge anzunehmen, abzuwickeln und darüber zu entscheiden. Sie wickeln staatliche Bürgschaften für deutsche Investoren im Ausland ab – in diesem Fall Bürgschaften der Bundesrepublik für nukleare Investitionsprojekte. Während rot-grüne Spitzenpolitiker im Juli 1999 erste Ergebnisse bei den Verhandlungen zum Atomausstieg in Deutschland präsentierten, erhielt die Siemens AG eine Hermes-Bürgschaft über 18 Millionen Euro für die Nachrüstung des slowenischen Atomkraftwerks Krsko. Nach 20 Jahren Zurückhaltung in Exportfragen entschied sich die rot-grüne Koalition im März 2000 für ein Megaprojekt in China – den Neubau eines Atomkraftwerks. In der Sonderwirtschaftszone Lianyungang belieferte Siemens für russische Partner zwei Reaktoren des russischen Typs WWER-1000. Auf einer Reise mit Siemens-Managern war der in Deutschland angeblich so atomkritische Kanzler Schröder zu Besuch auf der Kraftwerksbaustelle gewesen und hatte »sich davon begeistert gezeigt«[31]. Laut *Spiegel* hatte der interministerielle Ausschuss, in dem jedoch kein grüner Vertreter saß, gleich drei Hermes-Bürgschaften für ausländische Atomkraftwerke genehmigt[32], darunter 150 Millionen für die Siemens-Beteiligung an den chinesischen Reaktoren, ein argentinisches und ein litauisches Kraftwerk. Bei dem argentinischen Kraftwerk handelte es sich um eine Nachrüstung durch Siemens für den Reaktor Atucha 1. Die Ärzte-Organisation IPPNW schrieb dazu: »Der Schrottreaktor musste nach Pannen bereits unzählige Male repariert werden. 1987 traten 45 Tonnen radioaktives Wasser aus einem undichten Druckröhren-Endstopfen aus. Die Hermes-Bürgschaft ermöglicht den Weiterbetrieb dieses hochgefährlichen Atomkraftwerks.«

Auch die Hermes-Bürgschaft für Litauen passt so gar nicht zur scheinbar atomkritischen Attitüde der Schröder-Fischer-Trittin-Regierung, die damit den Bau einer Zementieranlage für radioaktive Abfälle auf dem Gelände des Atomkraftwerks Ignalina absicherte, das den gleichen Reaktortyp wie in Tschernobyl hat. Noch im Jahr 1996 hatte die Regierung Kohl bei einer Hermes-Bürgschaft für eine Siemens-Investition in das tschechische Atomkraftwerk Mochovce von Tschechien eine Erklärung über die Stilllegung des Reaktors verlangt – auf Druck von SPD und Grünen. Die Schröder-Regierung verzichtete in Litauen auf eine solche Erklärung. Als die Pläne im Jahr 2000 öffentlich wurden, verteidigte sich die rot-grüne Regierung mit dem Argument, die Projekte in China, Litauen und Argentinien seien noch von der Vorgänger-Bundesregierung zugesagt worden, die Konzerne könnten sich dabei auf den Vertrauensschutz berufen. Warum die Atomdeals dann in aller Heimlichkeit abgewickelt wurden, konnten damals auch grüne Politiker nicht beantworten. Der Vorsitzende des Haushaltsausschusses ließ lediglich verlauten, ein solches Vorgehen sei »unüblich«[33].

Der deutsche Atomexport lief überdies auch über Bande weiter. So ist Siemens über seine Beteiligung an einem Joint Venture mit dem staatlichen französischen Atomkonzern Framatome an diversen ausländischen Projekten beteiligt. Eines davon wollten die Konzerne im Dezember 2000 von der Europäischen Bank für Wiederaufbau und Entwicklung (EBRD) durch einen Kredit fördern lassen. Es ging darum, die beiden seit langem im Bau befindlichen ukrainischen Atomkraftwerksblöcke Khmelnitzki 2 und Rowno 4 unter Beteiligung von Siemens und Framatome zu unterstützen – 14 Jahre nach Tschernobyl. Bei solch weitreichenden Entscheidungen haben die EU-Mitgliedsstaaten ein Mitspracherecht. Bei der Abstimmung am 7. Dezember 2000 enthielt sich Deutschland der Stimme und ermöglichte den Weiterbau der ukrainischen Atomkraftwerke mit einem Kredit von rund 230 Millionen Euro.[34] Acht EU-Staaten stimmten dagegen, darunter die Niederlande, Norwegen und Österreich. Italien hatte angekündigt, sich dem deutschen Votum anzuschließen und hätte bei einem deutschen Veto auch mit Nein gestimmt, so dass der Kredit geplatzt wäre. In der Folge dieses Kredits bewilligte die EU-Kommission einen weiteren über eine halbe Milliarde Euro – der wegen Vertragsverstöße allerdings nicht ausgezahlt wurde. Die Reaktoren sind noch immer im Bau.

Zwei andere Projekte scheiterten am Widerstand innerhalb von SPD und Grünen und vor allem einer kritischen Öffentlichkeit. So wollte Bundeskanzler Schröder den Verkauf der stillgelegten Siemens-Plutoniumfabrik aus Hanau nach China bewilligen. Ebenso hatte Siemens eine Bürgschaft für den Bau des Europäischen Druckwasserreaktors in Finnland so gut wie in der Tasche. Aufgrund öffentlicher Proteste zog der Konzern seinen Antrag aber zurück und begann das Projekt mit seinen französischen Partnern ohne Hermes-Bürgschaft. Für andere Projekte von Siemens, wie den Weiterbau des Atomkraftwerks Angra 3 in Brasilien, verweigerte die rot-grüne Regierung Hermes-Kredite – diesen schmutzigen Deal überließen sie der schwarz-gelben Regierung Merkel.

Ein Grüner wird Eigentümer eines Atomkonzerns

Wirklich atemberaubend ist aber, was sich am 27. März 2011 zugetragen hat. Ein grüner Spitzenpolitiker wurde gewissermaßen leitender Gesellschafter eines Atomkonzerns. Ausnahmsweise kann dieser Grüne nichts gegen diese Bürde ausrichten. Winfried Kretschmann, erster grüner Ministerpräsident Deutschlands, wurde von den Wählern Baden-

Württembergs gewählt. Und er ist auch nicht verantwortlich dafür, dass sein Vorgänger Stefan Mappus von der CDU dem französischen Mehrheitseigentümer des Atomkonzerns EnBW, Électricité de France, 45 Prozent der Unternehmensanteile abkaufte. Das hat das Land 4,67 Milliarden Euro gekostet.

Auf Winfried Kretschmann wartet nun eine unangenehme Gretchenfrage, denn zur EnBW gehören nicht nur die Altreaktoren Neckarwestheim 1 und Philippsburg 1, die bereits von der Bundesregierung in vorläufigen Stillstand geschickt wurden, sondern auch Neckarwestheim 2 und Philippsburg 2. Es sind die Reaktoren, die nach den ursprünglichen rotgrünen Ausstiegsplänen vermutlich als letzte in Deutschland 2023 vom Netz gegangen wären. Ja, wären. Nähme es die grün-rote Regierung von Baden-Württemberg nun ernst mit dem schnellen Ausstieg aus der Kernenergie, schaltete sie die Reaktoren, die jetzt mehrheitlich in ihrem Eigentum sind, vorher vom Netz. Aber das kostet sie allein im Fall Neckarwestheim 2 und Philippsburg 2 Einnahmen von gut 8 Milliarden Euro. Es ist der Preis für die Sicherheit vor dem Risiko Atomkraft. Zieht Kretschmann das durch, hätte zumindest er für seine Person die Glaubwürdigkeitslücke der Grünen in Sachen Atom geschlossen.

4

Schwarz-gelbe Laufzeitverlängerung zum Wohl des Volkes

Ein Geheimvertrag und das Milliardengeschenk für die Atomkonzerne

Bundeskanzlerin Angela Merkel hat nie einen Hehl daraus gemacht, dass sie den rot-grünen Atomausstieg rückgängig machen wird. So stand es auch in den Wahlprogrammen von CDU und FDP vor der Bundestagswahl 2009. Die Wähler haben sie trotzdem mehrheitlich gewählt. Aber haben die Menschen der FDP mehr als 15 Prozent der Stimmen gegeben, weil sie sich die Atomenergie zurückwünschten? Die Auswertung von Infratest-dimap ergab für die FDP, dass 19 Prozent der Wähler ihr eine bessere Steuerpolitik zutrauten, 14 Prozent meinten, die FDP bringe die Wirtschaft voran, 13 Prozent sahen die Bildung im Vordergrund und 9 Prozent die Arbeitsplätze.[1] Bei der CDU war es ähnlich: Hier rangierte Wirtschaft vor Arbeit, Familienpolitik, Bildung und Steuern. CDU und FDP hatten ja auch nicht auf ihren Wahlplakaten stehen: »Atomkraft, ja bitte!« So ist das in der parlamentarischen Demokratie. Wir kaufen ein »Rundumsorglos-Paket«, auch wenn uns das eine oder andere durchaus Sorgen bereiten kann. Und wer liest heute noch Wahlprogramme? Bei der FDP stand nämlich: »Der Ausstieg aus der Kernenergie ist zum jetzigen Zeitpunkt ökonomisch und ökologisch falsch.«[2] Die Laufzeiten sollten verlängert werden, bis regenerative Energien im großen Stil ausgebaut und eine CO_2-Abscheidung bei der Braunkohle möglich sei. Im Regierungsprogramm der Union heißt es: »Die Kernenergie ist ein vorerst unverzichtbarer Teil in einem ausgewogenen Energiemix. Wir verstehen den Beitrag der Kernenergie zur Stromversorgung als Brückentechnologie, weil heute klimafreundliche und kostengünstige Alternativen noch nicht in ausreichendem Maße verfügbar sind.«[3] Auch in ihrer Koalitionsvereinbarung sprachen die schwarz-gelben Regierungsparteien von »erträglichen Energiepreisen«, die zurzeit nur durch die Kernenergie gewährleistet seien. Beide Parteien spielten ihre bei den deutschen Wählern traditionell hochgeschätzte Wirtschaftskompetenz aus, indem sie behaupteten, unser gegenwärtiger Wohlstand werde von einem Atomausstieg bedroht. Der Appell an die Verlustangst des Wohlstandsbürgers hat viele Jahre funktioniert – ohne Fukushima hätte er vermutlich auch in der Atomfrage weiterhin funktioniert. Aber waren die Wahl von Schwarz-Gelb und der zu erwartende Wiedereinstieg in das Atomzeitalter tatsächlich ein großer Tag für die deutsche Volkswirtschaft? Wer hat wie von dem Ausstieg aus dem Ausstieg profitiert?

Um solchen Fragen im modernen Kapitalismus auf den Grund zu gehen, gibt kaum einen ehrlicheren Ort als die Börse. Während die überwiegende Mehrheit der deutschen Wähler die Atomfrage bei der Stimmabgabe nicht bewusst ins Kalkül gezogen hatte, lagen die Dinge bei den Energiekonzernen, ihren Banken und Anlegern anders. Bereits ein Jahr vor der Bundestagswahl war das Ende des Atomausstiegs ein großes Thema an der Börse. Die Bankanalysten von Sal. Oppenheim

hatten schon im Sommer 2008 für ihre Kunden ausgerechnet, was der Ausstieg aus dem Ausstieg für die Konzernwerte
bringen könne:[4] Allein eine Laufzeitverlängerung von 8 Jahren würde RWE einen Wert von gut 8 Milliarden Euro bringen. Für E.ON würden die Zusatzeinnahmen auf gut 12 Milliarden Euro geschätzt.

Kurz vor der Bundestagswahl sagte der Analyst Stephan
Wulf von Sal. Oppenheim: »Bleiben die E.ON-Kernkraftwer-
ke 15 Jahre länger am Netz, steigt der faire Wert der Aktie
automatisch um 4,20 Euro.«[5] Schon jetzt nennt der Analyst
für die E.ON-Aktie ein Kurspotenzial von 19 Prozent. Wenn
eine neue Bundesregierung den Atomkonzernen nachhaltig den Rücken stärke, habe die Aktie sogar ein Potenzial
von 36 Prozent Zuwachs. Die Erwartungen von Banken und
Anlegern waren enorm, so schrieb *Focus* sechs Wochen vor
der Bundestagswahl 2009: »Für die Versorger-Aktien kommt
es damit am 27. September zum großen Showdown: Eine
Kursexplosion setzt allerdings einen Wahlsieg von Union
und FDP voraus.«[6] Die heute von der Atomkatastrophe so
geschockten Wähler taten den Börsenspekulanten den Gefallen. Am Tag nach der Wahl stiegen die Aktien des Atomkonzerns E.ON um 4,5 Prozent, RWE-Aktien um 4,2 Prozent.
Der Energieexperte der Privatbank Sal. Oppenheim, Mat-
thias Heck, sieht jetzt sogar ein Potenzial für weitere Kurs-
explosionen für E.ON-Aktien von 17 Prozent, für RWE sogar von 27 Prozent.[7]

94 Milliarden Euro Zusatzgewinne
durch Laufzeitverlängerung

Am 6. September 2010 müssen die Vorstände der großen vier Energiekonzerne, deren Vorgänger noch im Jahr 2000 feierlich die Atomausstiegsvereinbarung mit der rot-grünen Bundesregierung unterschrieben hatten, in Champagnerlaune gewesen sein. An diesem Tag beschließt Angela Merkels Kabinett eine Laufzeitverlängerung deutscher Atomkraftwerke von im Durchschnitt 12 Jahren. Die Aktien der Atomkonzerne legten wieder rund 3 Prozent zu, die EnBW-Aktie sogar 4 Prozent.[8] Während die Bundeskanzlerin von einer energiewirtschaftlichen »Revolution« sprach, war den Konzernen klar, dass sie die Hauptprofiteure sein würden. Dass es sich dabei um eine Milliardenfrage handelt, rechnete Bernhard Jeggle von der Landesbank Baden-Württemberg (LBBW) aus.[9] Bereits eine Laufzeitverlängerung von 10 Jahren bringt demnach allein dem baden-württembergischen Atomkonzern EnBW Zusatzeinnahmen von 38 Milliarden Euro ein – ein Konzern, der wie kein anderer von der Atomkraft lebt. Alle Atomkraftwerksbetreiber gemeinsam können nach einer Berechnung des Ökoinstituts in Freiburg mit nominalen zusätzlichen Gewinnen von real 94 Milliarden Euro rechnen.[10]

Die Bundesregierung verteidigte diesen Deal allerdings als »Geben und Nehmen«. Denn Teil der »Energierevolution« der Regierung Merkel war auch eine Beteiligung des Staates an diesen Zusatzeinnahmen der Konzerne. Der Vorstandvorsitzende der RWE begrüßte entsprechend die Laufzeitverlängerung, diese mache »die Kernkraft zu einem starken Pfeiler der Brücke, die ins Zeitalter der erneuerbaren Energien führt«[11]. Zugleich beklagte er die Kosten durch die neu eingeführte Brennelementesteuer sowie die Beteiligung am Fonds für erneuerbare Energien: »Für uns als Betreiber sind jedoch erhebliche und unerwartet hohe finanzielle Belastungen abzusehen.« Eine solche Klage des Konzernchefs konnte der Merkel-Regierung nur gelegen kommen. Denn sie täuschte die Öffentlichkeit über die Tatsache hinweg, dass es zuvor den Lobbyisten der Atomwirtschaft gelungen war, den finanziellen Tribut gehörig nach unten zu schrauben. So hatten die Beamten von Bundesfinanzminister Schäuble zunächst Einnahmen aus der Brennelementesteuer von 2,3 Milliarden Euro veranschlagt. Dies entsprach einer Steuer von 220 Euro pro Gramm Uran beziehungsweise Plutonium für die Dauer ihres Einsatzes in aktiven Brennstäben.[12] Was nun folgte, war ein Pingpongspiel, bei dem selbst aufmerksame Beobachter den Überblick verlieren konnten: Wer ist Regierung, wer ist Lobbyist?

Großangriff der Industrielobby auf die Regierung Merkel

Im Juli 2010 drohten Atomkonzerne plötzlich mit einer Klage gegen die Brennelementesteuer. Skurril war dabei ihre mögliche Argumentationslinie. So hätten sich die Konzerne ausgerechnet auf die Konsensvereinbarung mit der rot-grünen Regierung im Jahr 2000 berufen, die sie selbst bereit waren zu brechen.[13] Denn in der Vereinbarung hatte die Bundesregierung im Gegenzug zum Atomausstieg zugesagt, auf jede neue Regelung zu verzichten, die die Atomwirtschaft diskriminieren könne: »Dies gilt auch für das Steuerrecht.«[14] Wie einst beim Geschacher um den Atomkonsens unter Rot-Grün griffen die Atomlobbyisten zu immer härteren Bandagen. Es ging um die Höhe und Art des Beitrags, den sie im Gegenzug zu einer Laufzeitverlängerung leisten müssten. Die Klageandrohung auf Basis der rot-grünen Vereinbarung war jedenfalls an Dreistigkeit nicht mehr zu überbieten, und trotzdem beeindruckte sie die schwarz-gelbe Bundesregierung. Für Angela Merkel kam es jedoch noch schlimmer.

Denn der »Bundesverband der Deutschen Industrie« startete am 21. August 2010 eine gigantische Anzeigenkampagne in jeder großen deutschen Tageszeitung. Unter dem Titel »Energiepolitischer Appell« unterschrieben rund 40 hochrangige Wirtschaftsbosse – ein Affront gegen die schwarzgelbe Regierung von Angela Merkel. Weil ihre Forderungen auf perfide Weise zugleich an die Verlustängste des deutschen Wohlstandsbürgers appellieren, sei der Anzeigentext hier umfassender zitiert:

»Wohlstand sichern: Energie muss bezahlbar bleiben
Erneuer*bare* Energien – insbesondere die Sonnenenergie – verursachen aber auf lange Sicht noch erhebliche Mehrkosten, in diesem Jahr allein 8 Milliarden Euro. Damit die Preise für alle bezahlbar bleiben, können wir bis auf weiteres nicht auf kostengünstige Kohle und Kernenergie verzichten. [...]
Realistisch bleiben: Deutschland braucht weiter Kernenergie und Kohle
Erneuerbare Energien brauchen starke und flexible Partner. Dazu gehören modernste Kohlekraftwerke. Dazu gehört auch die Kernenergie, mit deren Hilfe wir unsere hohen CO_2-Minderungsziele deutlich schneller und vor allem preiswerter erreichen können als bei einem vorzeitigen Abschalten der vorhandenen Anlagen. Ein vorzeitiger Ausstieg würde Kapital in Milliardenhöhe vernichten – zu Lasten der Umwelt, der Volkswirtschaft und der Menschen in unserem Land.

Es geht um viel: die Sicherung der Lebensgrundlagen von morgen und die Zukunftsfähigkeit des Standortes Deutschland. Das geht uns alle an. Wir appellieren daher an alle politisch Verantwortlichen, das energiepolitische Gesamtkonzept ausgewogen zu entscheiden.«

Und nun eine Auswahl der einflussreichen Unterzeichner aus der Welt der Banken, der Konzerne und der Lobbyisten – Persönlichkeiten, von denen sich eine ganze Reihe bislang bester Beziehungen zu Kanzlerin Angela Merkel rühmten: Josef Ackermann (Deutsche Bank), Wolfgang Clement (Ministerpräsident und Bundesminister a. D.), Eckhard Cordes (Metro), Gerhard Cromme (ThyssenKrupp), Rüdiger Grube (Deutsche Bahn), Jürgen Großmann (RWE), Hans-Peter Keitel (BDI-Präsident), Tuomo Hatakka (Vattenfall), Jürgen Hambrecht (BASF, BDI-Vizepräsident), Carsten Maschmeyer (MaschmeyerRürup), Arend Oetker (Oetker, BDI-Vizepräsident), Hartmut Ostrowski (Bertelsmann) , Johannes Teyssen (E.ON) Ekkehard Schulz (ThyssenKrupp, BDI-Vizepräsident), Hans-Peter Villis (EnBW), Werner Wenning (Bayer), Michael Vassiliadis (IG BCE).

Die Kampagne erreichte ihr Ziel und führte ihrer Adressatin Angela Merkel vor Augen, wie schnell Konzerne, die zuvor die Wahl der schwarz-gelben Bundesregierung politisch und finanziell unterstützt hatten, bereit waren, »ihre« Kanzlerin im nächsten Augenblick politisch fallenzulassen. Angela Merkel war nun in einer prekären Lage. Einerseits war sie öffentlich von der Atomlobby vorgeführt worden, andererseits sprachen sich selbst Regierungsberater gegen die Laufzeitverlängerung aus – übrigens aus ökonomischen Gründen. So hatte der Sachverständigenrat für Umweltfragen, ein Pool aus sieben renommierten Wissenschaftlern, in einer umfassenden Studie bereits im Mai 2010 festgestellt: »Sowohl die Laufzeitverlängerung für Kernkraftwerke als auch ein zusätzlicher Neubau von Kohlekraftwerken erhöhen zudem das Risiko, dass über zunehmend längere Zeitfenster Überkapazitäten im System entstehen, die entweder die zeitweilige Abschaltung regenerativer Kapazitäten erfordern oder zu kostspieliger Unterauslastung konventioneller Kapazitäten führen und damit die Kosten des Übergangs unnötig erhöhen können.«[15] Doch das beeindruckte weder den Bundesumweltminister, noch die Bundeskanzlerin.

Der monatelange Psychokrieg zwischen Bundesregierung und Energiekonzernen endete bei einer zwölfstündigen Marathonsitzung am späten Abend des 5. September 2010 im Berliner Kanzleramt. Die Bundesminister für Wirtschaft, Rainer Brüderle, und Umwelt, Norbert Röttgen, können sich auf ein Energiekonzept mit Laufzeitverlängerung für Atomkraftwerke einigen. Neben der Laufzeitverlängerung um 8 Jahre für Altmeiler und 14 Jahre für nach 1980 gebaute Reaktoren, kam die Regierung der Atomlobby auch bei der gehassten Brennelementesteuer entgegen. Die beträgt nun statt der geplanten 220 Euro pro Gramm Nuklearbrennstoff nur noch 145 Euro auf 6 Jahre begrenzt. Statt der geplanten 2,3 Milliarden pro Jahr dürfte sie bei fallender Atomkraftwerksauslastung nur noch 1,5 Milliarden pro Jahr in den Bundeshaushalt spülen, vermutet die Atomsprecherin der grünen Bundestagsfraktion, Sylvia Kotting-Uhl, auf Basis eines internen Schreibens aus dem Bundesfinanzministerium.[16] Auch der Beitrag der Atomkonzerne zur Förderung erneuerbarer Energien fällt spärlich aus: Danach müssen die Konzerne neun Euro pro Megawattstunde Atomstrom in den geplanten freiwilligen Fonds zahlen. Intern rechnet die Regierung für 2011 und 2012 mit rund 300 Millionen Euro pro

Jahr, bis 2016 mit 200 Millionen Euro pro Jahr für die Förderung erneuerbarer Energien. Eine unerhebliche Summe im Vergleich zu den Konzerngewinnen: Allein 2009 erwirtschafteten RWE, E.ON und EnBW einen Konzernüberschuss von gut 13 Milliarden Euro.

Aber wie viel bleibt wirklich hängen von dem Geld, das die Atomkonzerne durch die Laufzeitverlängerung zusätzlich verdienen? Nach der Atomvereinbarung der schwarzgelben Koalition wird der Staat mit maximal 25 Milliarden Euro von den Zusatzgewinnen der Atomkonzerne profitieren – so haben es zwei Ökonomen der Hochschule für Technik und Wirtschaft Saarbrücken ausgerechnet.[17] Und auch das renommierte Ökoinstitut Freiburg hatte bereits errechnet: Bleibt der Strompreis konstant, könnte der Staat bis zu 46 Prozent der Zusatzgewinne abschöpfen, steigt er moderat an, wie zu erwarten, schrumpft der Anteil des Staates auf 28 Prozent – 68 Milliarden verblieben nach diesen Szenario in den Konzernkassen.[18] Nach der Katastrophe von Fukushima fragte *Der Spiegel* Bundesumweltminister Norbert Röttgen, ob man den Energiekonzernen denn ein solches »gigantisches Geschenk« wieder wegnehmen könne. Seine Antwort ist frappierend: »Es war kein Geschenk, weil 80 Prozent der Gewinne aus der Laufzeitverlängerung abgeschöpft würden.«[19] Wenn er damit sagen wollte, dass der Staat damit 80 Prozent der zusätzlichen Konzerngewinne abschöpfe, log er. Wenn er sagen wollte, dass 80 Prozent, die die Konzerne aus dem Deal abschöpfen, kein Geschenk darstellen, hätte er somit nur eine bizarre Meinung geäußert.

Wenige Wochen vor der Entscheidung des Bundestags über die Laufzeitverlängerung veröffentlichte die Deutsche Presse-Agentur (dpa) den Text der bis dahin geheim gehaltenen Vereinbarung zwischen der schwarz-gelben Bundesregierung und den Energiekonzernen.[20] Ihr Inhalt offenbarte, wie unverblümt die Regierungspolitiker von Union und FDP die Öffentlichkeit über die angebliche Beteiligung der Atombranche getäuscht hatten. Diese sollten – wie gesagt – nicht nur eine Brennelementesteuer entrichten, sondern auch einen Beitrag für einen Fonds zur Förderung erneuerbarer Energien. Eine Passage in der geheimen Vereinbarung der Energiebosse mit der Bundesregierung enthielt eine skandalöse Klausel: »Der Förderbeitrag mindert sich für das laufende und für künftige Jahre, wenn […] ab dem 6. September 2010 gestellte Nachrüstungs- oder Sicherheitsanforderungen einen Gesamtbetrag von 500 Millionen Euro für das betreffende KKW überschreiten, um den Betrag, um den die Änderung oder die weiteren Nachrüstungs- oder Sicherheitsanforderungen bezogen auf die restlichen LZV-[Laufzeitverlängerungen] Elektrizitätsmengen die Kosten je MWh [Megawattstunde] für das betreffende KKW erhöhen.« Im Klartext hieß das: Ist eine Nachrüstung der pannenanfälligen Altreaktoren aus Sicherheitsgründen erforderlich, so müssen die Atomkonzerne nur bis zu einer Summe von 500 Millionen Euro selbst dafür aufkommen. Wenn solche Nachzahlungen teurer werden, zahlen sie entsprechend weniger in den Fonds erneuerbarer Energien. Da die Konzerne zum Beispiel 2011 etwa 300 Millionen Euro in den Fonds zahlen müssen, entfiele diese Zahlung, wenn die Nachrüstung eines Pannenreaktors 800 Millionen Euro kosten würde. Wird auch diese Summe, also 800 Millionen Euro, durch die Nachrüstung überstiegen, dürfen Energiekonzerne auch die Zuzahlungen an den Fonds aus ihren anderen Atomkraftwerken anrechnen. Die Energiekonzerne hatten also klammheimlich durchgesetzt, dass für die – ohnehin technisch kaum zu leistende – Sicherheit ihrer Altmeiler am Ende der Steuerzahler aufkommt.

Minister Röttgen täuscht höhere Sicherheit vor

Immerhin versicherte Bundesumweltminister Norbert Röttgen der Öffentlichkeit, im Gegenzug zur Laufzeitverlängerung würden die Sicherheitsanforderungen an die Atomkraftwerke erhöht. So sagte er am 6. September 2010 in einem Interview: »Wir werden in das Atomgesetz eine neue Sicherheitsstufe einfügen, die es bislang dort gar nicht gibt. Meine beiden Amtsvorgänger haben es entweder nicht durchgesetzt oder es gar nicht vorgeschlagen. Das ist eine ganz neue Stufe, nämlich eine Dynamisierung von Sicherheitsvorschriften.«[21] Drei Tage später machte das ARD-Politik-Magazin MONITOR den bislang geheimen Entwurf für das geänderte Atomgesetz aus dem Bundesumweltministerium publik.[22] Darin wurde ein kleiner Paragraf hinzugefügt, der bei genauerer Betrachtung das Gegenteil von dem bedeutet, was Bundesumweltminister Norbert Röttgen der Öffentlichkeit glauben machen will. Der unscheinbare Paragraf reißt ein uraltes Thema der Atomenergienutzung wieder auf. Denn bislang lagen die Dinge im deutschen Atomgesetz einfach: Einerseits zwang es – zumindest auf dem Papier – Betreiber, ihre Kraftwerke nach dem aktuellen Stand von Wissenschaft und Technik gegen Risiken abzusichern, also im Grunde bestmöglichen

Schutz zu bieten. Das galt für alle Arten von vorhersehbaren Störfällen. Alles andere verwiesen auch die höchsten deutschen Gerichte ins Reich des »Restrisikos«, das die Menschen in einem Industriestaat nun einmal hinzunehmen hätten.

Mit dem 11. September 2001 war ein Risiko hinzugekommen, das noch nicht von Gerichten kategorisiert worden war. Ein Anwohner des Kernkraftwerks Brunsbüttel klagte nun gegen die Genehmigung des dortigen Zwischenlagers durch das Bundesamt für Strahlenschutz. Denn neben dem Reaktorgebäude lagern noch heute hochradioaktive abgebrannte Brennelemente in Castoren fast schutzlos vor Angriffen durch gezielte Flugzeugabstürze. Nachdem er in zwei Instanzen gescheitert war, ging der Mann in Revision beim Bundesverwaltungsgericht in Leipzig. Das kassierte die bisherigen Urteile und sprach erstmals Anwohnern von Kernkraftwerken das Recht zu, Sicherheitsstandards an Kraftwerken auch nachträglich einzuklagen – insbesondere auch für Risiken wie terroristische Angriffe aus der Luft – die bislang als sogenanntes Restrisiko abgebucht worden waren.[23] Das Bundesverwaltungsgericht korrigierte in einem Urteil 2008 die Annahme der deutschen Genehmigungsbehörden, dass Terroranschläge – etwa aus der Luft – zu den »unentrinnbaren« Risiken gehören, die die Bürger bei der Atomkraft hinzunehmen hätten.[24] Es war ein für die Atombranche folgenschweres Urteil, denn es forderte im Grunde, dass zumindest die fünf am wenigsten gegen Flugzeugattacken ausgerüsteten Atomreaktoren nachgerüstet werden müssten – jedenfalls, wenn Bürger dies in einer Klage einfordern.[25] Das wiederum, so hatte bereits das Bundesumweltministerium errechnen lassen, hätte Kosten für die Betreiber der alten Atomkraftwerke im zweistelligen Milliardenbereich bedeutet. Für die Betreiber der jahrzehntealten Pannenreaktoren in Deutschland war es ein vernichtendes Urteil. Und offenkundig Anlass genug für die Atomlobby, Einfluss auf das neue Atomgesetz der schwarz-gelben Bundesregierung von 2010 zu nehmen.

Bereits Anfang Mai 2010 war öffentlich geworden, welchen Investitionsbedarf das Bundesumweltministerium für die Sicherheit deutscher Atomkraftwerke im Fall einer Laufzeitverlängerung veranschlagt.[26] Im Auftrag des Ministeriums hatte das energiewirtschaftliche Institut Prognos gemeinsam mit dem Energiewirtschaftlichen Institut der Universität Köln Szenarien für unterschiedliche Laufzeitverlängerungen entwickelt und geprüft, wie jeweils der Nachrüstbedarf der immer älter werdenden Reaktoren aussieht. Grundlage eines Szenarios war eine vom Bundesumweltministerium damals noch geplante neue Sicherheitsauflage: Alle Reaktoren sollten absturzsicher gegen Flugzeuge von der Größe eines A320 gemacht werden.[27] Die Institute rechneten aus, dass bei einer Laufzeitverlängerung von 4 Jahren ein Investitionsbedarf von 6,2 Milliarden Euro anfalle, bei 12 Jahren 20,3 Milliarden. Für den Fall, dass die Atomkraftwerke 20 Jahre länger laufen dürften, wären es 36,2 Milliarden, bei 28 Jahren sogar 49,8 Milliarden.

Diese Nachricht muss ihrerseits in den Konzernetagen der Energieriesen eingeschlagen sein wie ein A320. Dort reagierte man alarmiert. Im Juni 2010 sagte der neue Chef des Lobbyverbands Deutsches Atomforum, der Kernkraftmanager von E.ON, Ralf Güldner, der Tageszeitung *Die Welt*, er sehe für diese Zahl keine belastbare Grundlage und folglich keinen Anlass für eine sicherheitstechnische Nachrüstung deutscher Atomkraftwerke.[28] Ihm war wohlbekannt, dass sich jenseits sicherheitstechnischer Erwägungen, die Politiker von CDU, CSU und FDP bei ihren Verhandlungen über die Laufzeitverlängerung längst auf Arbeitsebene auf einen moderaten

Investitionsbedarf von 11 Milliarden geeinigt hatten. Darauf jedoch verwies der energiepolitische Koordinator der Unionsfraktionen im Bundestag, Thomas Bareiß.[29] Was entnehmen wir dieser Episode? Sie dokumentiert gewissenhafte Vorschläge im Hause des Bundesumweltministers zu Beginn des Laufzeit-Krimis. Sie erzählt aber auch, dass die Sicherheit von Reaktoren in den Verhandlungen auf der sogenannten »Arbeitsebene« der Politik, vor allem den Stellenwert finanzieller Spielmasse hatte nach dem Motto: Was können wir den Energiekonzernen abverlangen?

Die filigranste Art des Lobbyismus

Was nun geschah, gehört zu den filigransten Täuschungsmanövern, seit es die Atomlobby gibt. Es wurde ein Paragraf neu erfunden – obwohl das Gesetz per se schon eine klare Anforderung an die bestmögliche Risikovorsorge hatte. Im neuen Paragrafen wird nun eine neue Kategorie von Vorsorge formuliert:

»§ 7d Weitere Vorsorge gegen Risiken[30]
Der Inhaber einer Genehmigung zum Betrieb einer Anlage zur Spaltung von Kernbrennstoffen zur gewerblichen Erzeugung von Elektrizität hat entsprechend dem fortschreitenden Stand von Wissenschaft und Technik dafür zu sorgen, dass die Sicherheitsvorkehrungen verwirklicht werden, die jeweils entwickelt, geeignet und angemessen sind, um zusätzlich zu den Anforderungen des § 7 Absatz 2 Nummer 3 einen nicht nur geringfügigen Beitrag zur weiteren Vorsorge gegen Risiken für die Allgemeinheit zu leisten.«

Diese Formulierung klingt schwammig und soll es auch sein. Die Atomrechtsexpertin der Deutschen Umwelthilfe, Cornelia Ziehm, sieht in dem Paragrafen eine Möglichkeit, das Klagerecht von Anwohnern gegen Atomkraftwerke, die nicht gegen Terrorangriffe aus der Luft geschützt sind, auszuhebeln. Denn in ihrer Formulierungshilfe zum Änderungsgesetz schreibt die Bundesregierung, durch den neuen Paragrafen 7d könne der Schutz gegen Störmaßnahmen oder sonstige Einwirkungen Dritter verbessert werden – gemeint sind zum Beispiel die Flugzeugangriffe durch Terroristen. Für diesen Fall, so die Folgerung der Juristin Ziehm, gelte damit nicht mehr der bestmögliche Schutz, sondern die schwammige Bestimmung zur »weiteren Vorsorge« gegen Risiken. Ein Urteil, wie es das Bundesverwaltungsgericht 2008 fällte, wäre damit unmöglich gemacht. Der kleine Paragraf 7d spart den Betreibern der ungeschützten Atomkraftwerke Milliarden, die sie sonst für Nachrüstung hätten ausgeben müssen.

Ein Ex-Atomlobbyist
arbeitet im Bundesumweltministerium

Dazu passt auch, was MONITOR im September 2010 berichtet hat.[31] So habe zunächst in einem früheren Entwurf des Atomgesetzes sogar eine Verpflichtung zum Schutz gegen Terrorangriffe aus der Luft gestanden. Aber das war der Atomlobby wohl zu teuer. Nur, so mag der rechtschaffene Bürger nun fragen, wie geht das alles? Wer schreibt diese Gesetze, und wer beeinflusst sie? Wie der Behördenlauf solcher Papiere erfolgt, ist selten herauszufinden. Pikant jedoch ist die Tatsache, dass dieses Gesetz in der Abteilung für Reaktorsicherheit im Bundesumweltministerium unter der Leitung eines Mannes mit wechselvoller Geschichte zustande kam: Gerald Hennenhöfer.

Der Jurist war bereits zu Angela Merkels Zeit als Bundesumweltministerin von 1994 bis 1998 Abteilungsleiter für Reaktorsicherheit. Nach dem Machtwechsel durch die rot-grüne Bundesregierung schickte ihn der Umweltminister Trittin in den Ruhestand. Doch richtig los wurde er Hennenhöfer nicht. Denn kurz darauf tauchte er bei den Verhandlungen zum Atomkonsens wieder auf – und zwar auf der Gegenseite, als Generalbevollmächtigter des Atomkonzerns Viag, der kurz darauf mit dem Konzern VEBA zu E.ON fusionierte. Hennenhöfer war direkt im Anschluss an seine Ministeriumszeit vom damaligen Energiekonzern Viag mit dem Posten des Generalbevollmächtigten für Wirtschaftspolitik bedacht worden. Hennenhöfer war nun Cheflobbyist. Die Vereinbarung zwischen der rot-grünen Bundesregierung und den Energiekonzernen zum Atomausstieg trägt seine Unterschrift.[32] Nach der Fusion von Viag und VEBA zu E.ON behielt er seinen Job. Seit 2003 arbeitete er in einer Anwaltskanzlei – natürlich an atomrechtlichen Fragen. So vertrat er das Helmholtz-Zentrum München als Betreiber des Testendlagers in Asse. Auch beschäftigte er sich mit der Reststrommengen-Übertragung von alten auf neue Reaktoren – sicherlich ein lukrativer Job. Hennenhöfer arbeitet stets auf dem gleichen Arbeitsgebiet, und das führte ihn nach der Wahl der schwarz-gelben Bundesregierung 2009 zurück auf seinen Posten als Abteilungsleiter Reaktorsicherheit im Bundesumweltministerium.

Eine heikle Entscheidung, verbietet doch Paragraf 20 des Verwaltungsverfahrensgesetzes, dass von Verwaltungsverfahren ausgeschlossen werden muss, »wer außerhalb seiner amtlichen Eigenschaft in der Angelegenheit ein Gutachten abgegeben hat oder sonst tätig geworden ist«[33]. Als Juristen öffentlich Kritik an Hennenhöfers Berufung äußerten, teilte das Bundesumweltministerium mit, der Abteilungsleiter sei »nicht generell für den Aufgabenbereich seiner Abteilung befangen, sondern könnte es allenfalls im Hinblick auf konkrete einzelne Sachverhalte sein«. Hennenhöfer werde nicht mitwirken, wenn »ausnahmsweise eine solche Konstellation vorliegen sollte«[34]. Es bleibt also unserer Fantasie vorbehalten, uns vorzustellen, dass sämtliche Details des neuen Atomgesetzes, die neuen Reststrommengen, ihre Verteilung auf die Atomkraftwerke und insbesondere der neue Gummiparagraf 7d niemals den Schreibtisch von Gerald Hennenhöfer berührt haben. Wir müssen es glauben – bis vielleicht eines Tages das Gegenteil bewiesen wird. Dann allerdings wären sämtliche Begünstigungen für die Atomwirtschaft hinfällig, weil illegal zustande gekommen.

Doch zurück zu den Ereignissen im Herbst 2010. Am 22. September – und damit sechs Tage vor dem geplanten Beschluss des Bundeskabinetts zur Laufzeitverlängerung – unternahmen die Regierungsberater vom Sachverständigenrat für Umweltfragen einen letzten Versuch, die Laufzeitverlängerung zu verhindern. In einer Stellungnahme schrieben sie: »Wir raten der Bundesregierung dringend davon ab, die Laufzeiten für Kernkraftwerke zu verlängern.«[35] Der Vorsitzende des Sachverständigenrats, Professor Martin Faulstich, schrieb: »Längere Laufzeiten sind keine Brücke, sondern ein Investitionshindernis für die erneuerbaren Energien.« Hintergrund dafür war die längst belegte These, dass die Absicherung des hohen Anteils von Kernenergie und Kohle an der sogenannten Grundlaststromerzeugung den schnellen Ausbau erneuerbarer Energieerzeugung stört. Die Regierungsberater stellten dem Energiekonzept der Merkel-Regierung – einen Monat vor der Bundestagsentscheidung – ein vernichtendes

Zeugnis aus: »Aus den von der Bundesregierung vorgeleg-
ten aktuellen Energieszenarien lassen sich keine wesentlichen
volkswirtschaftlichen oder umweltpolitischen Vorteile einer
Laufzeitverlängerung ableiten. Die Nachteile und Risiken einer Verlängerung sind jedoch gut belegt. Statt den gefunde-
nen gesellschaftlichen Konsens zur Kernenergie aufzukündi-
gen und neue Investitionsunsicherheit zu schaffen, sollte die
Bundesregierung ihre Kräfte auf die zukunftsweisenden Ele-
mente des Energiekonzeptes in den Bereichen Klimaschutz
und Effizienz konzentrieren.«

Wohl selten in der Geschichte der Bundesrepublik hat sich
ein wenige Monate dauernder Lobby-Großeinsatz am Ende
in solcher Höhe rentiert. Zugleich bietet er den Energiekonzernen nach der Katastrophe von Fukushima eine rechtliche
Grundlage für Entschädigungszahlungen, auf die sie nach
den rot-grünen Ausstiegsfahrplänen nicht mehr zu hoffen
gewagt hatten. Es ist alles eine Frage des Geldes, das muss
auch der Regierung, der plötzlich zur Atomskeptikerin be-
kehrten Angela Merkel, klar gewesen sein. Es war ihre Regierung, die der Energiewirtschaft nach einem längst vereinbarten entschädigungsfreien Langzeitausstieg erneut ein
nukleares Pfand in die Hand gab – und das in einem parla-
mentarisch äußerst fragwürdigen Prozedere.

Berlin, 21. Oktober 2010: Während draußen vor dem
Reichstag rund 2000 Atomkraftgegner gegen die geplante
Laufzeitverlängerung protestierten, ging es im Plenum hoch
her. In Anspielung an den rot-grünen Atomkonsens warf
der SPD-Vorsitzende Sigmar Gabriel der Regierung vor: »Sie
spalten die Gesellschaft dort, wo diese schon einig war.«[36]
Einen »Putsch« nannte der grüne Fraktionsvorsitzende Jürgen Trittin das Gesetz. Da das Gesetz auch eine Übertragung
von Kompetenzen der Landesatomaufsicht auf das Bundes-

umweltministerium vorsah, sagte Trittin: »Damit wollen Sie die laxe Form der Atomaufsicht zum Bundesgesetz erheben.« Linke und Grüne scheiterten natürlich an diesem Tag mit Entschließungsanträgen zur sofortigen Stilllegung der sieben ältesten deutschen Atomkraftwerke.

Kritik des Bundestagspräsidenten am Parlamentsverfahren

Der Tag der Bundestagsentscheidung war allerdings nicht nur ein goldener für die Bilanzen der Atomkonzerne, er hat auch tiefe Narben in der demokratisch-parlamentarischen Kultur der Bundesrepublik hinterlassen. Obwohl es um eine epochale Entscheidung ging, peitschten die Regierungsfraktionen die Debatte darüber im Eiltempo durch den Bundestag. Die gesellschaftlich völlig umstrittene Frage der Rückkehr Deutschlands ins Nuklearzeitalter wurde neben Themen wie Haushaltsbegleitgesetzen, darunter Sparmaßnahmen im Sozialbereich und Änderungen der Ökosteuer, an einem Tag abgehandelt – als gehe es nur um ein neues Gesetz zur Mülltrennung. Das war selbst für den Bundestagspräsidenten zu viel. Norbert Lammert von der CDU und zweiter Mann im Staat gab kurz darauf der *Frankfurter Allgemeinen Zeitung* ein sensationell ehrliches Interview.[37] Bei den Beratungen über die Laufzeitverlängerung habe es sich nicht um »ein Glanzstück von Parlamentsarbeit« gehandelt. Letztlich auf Druck der Bundesregierung habe sich das Parlament viel zu wenig Zeit genommen und sei dabei seinen »eigenen Ansprüchen nicht gerecht geworden«. Auch die Beratungen in den Ausschüssen zuvor seien in ihrer Kürze dem Thema nicht angemessen gewesen, sagte Lammert. Das Verfahren trage den

»Verdacht mangelnder Sorgfalt« in sich. Selbstkritisch fügte er aus Sicht aller Parlamentarier hinzu: »Wir nehmen uns selbst nicht die nötige Zeit.« Auch wünschte er sich das zurück, was die Säule einer parlamentarischen Demokratie darstellt: ein Parlament, das gegenüber der Regierung selbstbewusst und souverän auftritt: »Wir weisen Zumutungen nicht als Zumutungen zurück.«

Die Hast der Regierung, ihr Milliardengeschenk an die Atombranche durchzupeitschen, schlug sich auch im Abstimmungsergebnis nieder. Bei der Abstimmung über die Novelle des Atomgesetzes und folglich die Laufzeitverlängerung stimmten 289 Abgeordnete der Opposition geschlossen dagegen. Allerdings schienen auch Abgeordnete der Regierungsfraktion Skrupel bei diesem Gesetz zu haben. Denn von den 332 Regierungsabgeordneten stimmten nur 308 zu.[38] Allein bei der CDU/CSU stimmten 5 Abgeordnete mit Nein, zwei enthielten sich und 7 gaben ihre Stimme nicht ab. Bei der FDP stimmten 2 Abgeordnete mit Nein.[39]

Um das für die Energiekonzerne milliardenschwere Gesetz ohne größere Hürden durchzubringen, hatte die schwarz-gelbe Regierung es so formuliert, dass es im Bundesrat nicht zustimmungsbedürftig war, als ein sogenanntes »Einspruchsgesetz«. Ein solches Gesetz kann im Bundesrat nur gestoppt werden, wenn sich eine Mehrheit in der Länderkammer dagegen findet, die aber SPD, Grüne und Linke Ende 2010 nicht hatten. Mehrere SPD-geführte Landesregierungen sowie die SPD-Bundestagsfraktion kündigten eine Klage gegen die Atomgesetznovelle vor dem Bundesverfassungsgericht an. Ihre Argumentation ist einfach: Da bei einer Laufzeitverlängerung um durchschnittlich 12 Jahre die Atomaufsichtsbehörden der Länder 12 Jahre länger beaufsichtigen müssen, betrifft dieses Gesetz auch die Belange der Länder. Diese Rechtsauffassung vertrat auch der Bundestagspräsident. Der *FAZ* sagte er in dem Interview nach dem Beschluss, es sei nicht politisch klug gewesen, auf eine Zustimmung des Bundesrats zu verzichten, denn die Kernenergiefrage brauche einen breiten Konsens.[40]

Lammert selbst gehörte zu den Regierungsabgeordneten, die sich bei der Abstimmung enthielten, aber nicht weil er ein Atomkraftgegner war. Seine Kritik an der Laufzeitverlängerung ist im Grunde schärfer. Die Verlängerung der Laufzeiten entbehre jeder Plausibilität, zitiert die *FAZ* den Bundestagspräsidenten. Sie sei nicht sachlich begründet, sondern ausgehandelt worden. Damit brachte der Bundestagspräsident zum Ausdruck, dass »Kungelrunden« mit der Energiewirtschaft wieder einmal einen demokratischen Prozess unterminiert hatten: »Das entspricht nicht meinen Anforderungen an ordentliche Gesetzgebungsarbeit.«

Ist das schwarz-gelbe Gesetz verfassungswidrig?

In den Monaten nach der Bundestagsentscheidung ruhten die Hoffnungen der Kritiker auf dem ersten Mann im Staat, dem Bundespräsidenten Christian Wulff. Ohne seine Unterschrift konnte das folgenschwere Gesetz nicht in Kraft treten. Es wäre nicht das erste Mal gewesen, dass ein Bundespräsident ein Gesetz aus verfassungsrechtlichen Zweifeln heraus stoppte. Der Vorsitzende des Bundes Umwelt und Naturschutz Deutschland, Hubert Weiger, forderte den Bundespräsidenten auf, das Gesetz nicht zu unterschreiben, denn die Regierung habe mit der Aufkündigung des Atomausstiegs einen breiten gesellschaftlichen Konsens verlassen: »Sie hat sich zur Geisel der Stromkonzerne machen lassen und wird sich auch wegducken, wenn 2011 die Pannenreaktoren in Krümmel und Brunsbüttel wieder ans Netz gehen sollen«, sagte er dem Bundespräsidenten.[41] Doch Christian Wulff unterschrieb. Das Bundespräsidialamt teilte lapidar mit: »Der Bundespräsident ist nach intensiver und sorgfältiger Prüfung aller verfassungsrechtlichen Gesichtspunkte zu dem Ergebnis gekommen, dass rechtliche Gründe einer Ausfertigung dieses Gesetzes nicht entgegenstehen.« Das Staatsoberhaupt habe nur zu prüfen, ob ein Gesetz entsprechend den Vorschriften des Grundgesetzes zustande gekommen sei, hieß es in der Erklärung des Bundespräsidialamtes.

Nach seiner Einschätzung gefragt, wundert sich Professor Christian Pestalozza, einer der renommiertesten deutschen Verfassungsrechtler, über diese Erklärung. Bislang sei es nicht üblich gewesen, dass Bundespräsidenten ihre Unterschrift unter Gesetze öffentlich kommentierten, es sei denn, sie hätten selbst Zweifel an ihren Entscheidungen gehegt und diese mitgeteilt. In der Sache ist Pestalozza allerdings sicher, dass das Bundesverfassungsgericht der Bundesregierung und dem Bundespräsidenten attestieren wird, dass dieses Gesetz verfassungswidrig ist: »Das Gesetz über die Laufzeitverlängerung hätte der Zustimmung des Bundesrats bedurft, und damit ist es verfassungswidrig.«

Wie das Atomrecht das Aktienrecht entschärfen könnte

Wer allerdings glaubt, die Verfassungsklage werde nun nach Fukushima und dem erklärten Willen der Regierung zum schnelleren Atomausstieg überflüssig, der irrt. Angenommen, die Bundesregierung von Angela Merkel meine es ernst mit dem Ausstieg, so kann ihr ein negatives Urteil nur recht sein. Nach Fukushima hat die Bundesregierung ein Moratorium der gesetzlich bereits festgelegten Laufzeitverlängerung und eine Stilllegung der ältesten Reaktoren verfügt, um diese sicherheitstechnisch noch einmal genau überprüfen zu lassen. Der Energiekonzern RWE hat dagegen eine Klage angekündigt – unter Berufung auf das Aktienrecht. Das zwingt den Vorstand eines börsennotierten Konzerns, Schaden von den Aktionären abzuwenden. In diesem Fall geht es nach RWE-Angaben um 700 000 Euro Einnahmen, die durch die Stilllegung des Reaktors Biblis A täglich verlorengehen. Vermutlich muss RWE tatsächlich so handeln. Sollten die Karlsruher Verfassungsrichter die im Herbst 2010 beschlossene schwarz-gelbe Änderung des Atomgesetzes – aus welchen Gründen auch immer – für verfassungswidrig erklären, gälte das alte Atomgesetz. Und es bliebe die Hoffnung, dass es gelänge, schnell ein neues zu beschließen, nach dem Atomreaktoren ausdrücklich vor Flugzeugattacken geschützt sein müssen.

Wenn die Politik, welcher Farbe auch immer, es ernst meint mit dem Ausstieg, könnte das Gesetz in wenigen Wochen stehen. Die Energiekonzerne hätten keine Möglichkeit mehr, wegen der Stilllegung von unsicheren Atomkraftwerken auf Schadensersatz zu klagen. Das Atomgesetz stünde im Fall der Kernkraftkonzerne über dem Aktiengesetz. Das jahrzehntelange Milliardenspiel mit einer Hochrisikotechnologie wäre zumindest in Deutschland beendet.

5

Kernenergie ist nur eine Brückentechnologie

Korruption, Atomwaffen und Merkels Milliardenbürgschaft

»Es gibt in Deutschland eine Übereinstimmung, dass Kernenergie eine Brückentechnologie ist«[1], sagte Angela Merkel in einem Fernsehinterview siebzehn Tage nach Beginn der Katastrophe von Fukushima. Bemerkenswert ist diese Aussage in mehrfacher Hinsicht. Erstens die Anmaßung, dass alle Deutschen die Dinge so sehen, wie Frau Bundeskanzlerin. Zweitens ist die Wortschöpfung an sich beinahe genial, beträfe sie nicht eine potenziell tödliche Technologie. Denn Brücken verheißen Positives und Verbindendes, und natürlich denken wir dabei auch an Dinge wie Stabilität und Sicherheit. Die Bundeskanzlerin hat dieses Wort häufig gebraucht, und es steht auch in den Wahlprogrammen der schwarz-gelben Regierungsparteien. Gemeint ist eine Überbrückung der Stromversorgung bis zu einem Zeitpunkt, an dem erneuerbare Energien die Stromversorgung allein gewährleisten.

Umso erstaunlicher ist, dass Angela Merkel auch siebzehn Tage nach der Katastrophe das Wort »Brückentechnologie« noch über die Lippen bringt. Denn die Brücke, von der die

Bundeskanzlerin so gern spricht, hat in Wahrheit ganz andere Eigenschaften. Sie reicht mehrere Tausend Kilometer weit südwestlich über den Atlantik. Und sie reicht weit in die Vergangenheit bis in die 70er Jahre. Aus dieser Zeit stammen nämlich die Baupläne für das brasilianische Atomkraftwerk Angra 3. Und seit 1985 warten hier die – damals 750 Millionen DM teuren – deutschen Reaktorbauteile aus dem Hause Siemens darauf, in einem Atomkraftwerk zusammengesetzt zu werden. Dass das nun geschehen kann, dafür sorgte die frisch gewählte schwarz-gelbe Bundesregierung. Sie beschloss, dem geplanten Uraltkraftwerk Angra 3 eine von Siemens lange erhoffte Staatsbürgschaft über 1,3 Milliarden Euro zu gewähren.

Deutsche Milliardenbürgschaft
für brasilianischen Altreaktor

Eingefädelt hat das Geschäft Bundesaußenminister Guido Westerwelle bei einer Brasilienreise im März 2010. Dort traf er auf Manager des Kraftwerksbauunternehmens Areva NP, eines Joint Venture von Siemens und des französischen Staatskonzerns Électricité de France. Den Managern soll gefallen haben, wie energisch sich Westerwelle bei der brasilianischen Regierung für die deutsche Atomwirtschaft eingesetzt habe.[2] Er kündigte an, »die Außenwirtschaftsförderung nicht mehr mit spitzen Fingern« anzufassen und sah, so zitiert die *Frankfurter Rundschau,* ein »großes Potenzial für die friedliche Nutzung der Kernkraft« in Brasilien. Vielleicht hätte Westerwelle selbst die Gegend des Nuklearkomplexes inspizieren sollen, um zu erkennen, dass dieses große Potenzial vor allem große Risiken birgt.

Wer sich von Rio de Janeiro auf den Weg nach Süden entlang der Atlantikküste macht, braucht etwa zwei Autostunden, um das direkt an den Hängen des Regenwalds gelegene Nukleardorf zu finden. Es liegt an der Bucht Angra dos Reis, etwa 100 Kilometer Luftlinie südlich der Millionenmetropole Rio de Janeiro und 200 Kilometer nördlich von São Paulo. Die Angestellten des seit 1985 betriebenen Atomkraftwerks leben in einer sauberen Siedlung in Grün und Weiß gestrichenen Bungalows mit englischem Rasen davor. Eine Bucht weiter stehen die zwei Reaktorblöcke Angra 1 und 2. Sie wirken beinahe klein, da sie direkt am Hang eines mit Regenwald bewachsenen steilen Berges errichtet wurden, der wie ein kleiner Zuckerhut aussieht. Gleich daneben soll ein weiterer Reaktor, Angra 3, gebaut werden. Wer in dieser Gegend die Küstenstraße entlangfährt, sieht sofort, was hier häufig geschieht: Alle paar Kilometer haben sich riesige Schlammmassen aus den Hügeln gelöst, Regenwald oder im schlimmsten Fall Häuser mit sich gerissen. Regelmäßig ist die Straße von Schlamm und Steinen halbseitig unbefahrbar. Im Januar 2010 starben in der Region 53 Menschen bei Schlammlawinen, darunter auch 20 Touristen auf der Insel Ilha Grande gegenüber Angra dos Reis.[3] Gegen dieses Naturphänomen lässt sich nicht viel ausrichten, sagen die Einheimischen. Dazu passt auch der Name, den die Urbewohner dieser Gegend gaben: Itaorna – was »fauler Stein« bedeutet.[4] Als Bagger bei Baubeginn des Reaktors Angra 2 die Baugrube aushoben, sackte das benachbarte Maschinenhaus des Reaktors Angra 1 ab – glücklicherweise war es außer Betrieb. Das war im Jahr 1976. Erstmals Strom geliefert hat Angra 2 genau 25 Jahre und einen Monat später – mit maßgeblicher Beteiligung der deutschen Kraftwerk Union AG (KWU), einem Tochterunternehmen von Siemens und anfänglich auch der AEG. Wäre

Guido Westerwelle vor der Bewilligung der Milliardenbürgschaft nach Angra dos Reis gereist, hätte er gesehen, dass die Abklingbecken für abgebrannte Brennstäbe nur 100 Meter vom Strand entfernt liegen. Er hätte sich vom früheren brasilianischen Umweltminister Carlos Minc über ungeklärte Abfallprobleme mit dem sogenannten »blauen Schwimmbecken« berichten lassen können, über das Minc kürzlich öffentlich sagte: »Der Abfall kann nicht 100 Meter entfernt von einem Strand lagern, der Itaorna heißt, was ›fauler Stein‹ bedeutet, und obendrein über einer Erdspalte.«[5] Dort lagern gegenwärtig mehr als 2000 Kubikmeter hochradioaktive abgebrannte Brennstäbe.

Am 28. Mai 2001 kam es zu einem schwerwiegenden Störfall bei der Zwischenlagerung: 22 000 Liter radioaktiven Wassers liefen ungehindert in den Atlantik. Doch die Öffentlichkeit erfuhr davon zunächst nichts. Erst Monate später informierte der staatliche Betreiber Eletrobras Termonuclear die lokalen Umweltbehörden. In Brasilien sind die Namen der Altreaktoren Angra 1 und 2 eher für Störfälle und Notabschaltungen bekannt als für sichere Stromproduktion. Im März 2011 wurde zudem bekannt, dass der Reaktor Angra 2 seit seiner Inbetriebnahme im Jahr 2000 ohne Genehmigung Strom produziert.[6] Das berichtete die Tageszeitung *Correio Braziliense.* Angra 2 habe nur eine Genehmigung der brasilianischen Umweltbehörde IBAMA für die Betriebsaufnahme, also einen Testbetrieb, von 1999 für ein Jahr. Die vorgeschriebene Genehmigung für den Dauerbetrieb durch die nationale Nuklearenergiekommission sei nie erteilt worden, weil die vorherigen Umweltprüfungen durch die IBAMA nie abgeschlossen wurden.

Wer eine tödliche Technologie in ein fremdes Land liefert, muss auch auf die Verantwortung der dortigen Regierungen und Behörden vertrauen können. Wie reagierte Brasilien auf die Ereignisse in Fukushima? Energieminister Edison Lobão beeilte sich zu sagen, brasilianische Kraftwerke seien einfach sicherer als japanische.[7] Der Minister, der noch vor drei Jahren angekündigt hatte, 50 neue Atomkraftwerke bauen zu wollen, sieht nach Fukushima »keine Notwendigkeit« zur Kurskorrektur: »Wir haben gar keinen Grund, uns Sorgen zu machen!« Schon bei der Genehmigung des Baus von Angra 3 hatte der damalige Präsident Luiz Inácio Lula da Silva gesagt, er könne »garantieren, dass in Brasilien niemals das passiert, was in Tschernobyl passiert ist«.

Vor der Entscheidung der Milliardenbürgschaft für Angra 3 hätte es für Guido Westerwelle vielleicht auch genügt, einen Blick auf die Landkarte zu werfen, um zu wissen, dass man hier keinen Nuklearkomplex platzieren sollte. Der Weltklimarat IPCC prognostizierte 2007 einen Anstieg des Meeresspiegels um 18 bis 59 Zentimeter bis zum Jahr 2100. Bereits zwei Jahre später sagten Experten wie Stefan Rahmstorf vom Potsdamer Institut für Klimafolgenforschung Schlimmeres voraus: Selbst unter »günstigsten Annahmen« rechnete der Experte mit einem Anstieg des Meeresspiegels um einen Meter.[8] Dann wäre das »blaue Schwimmbecken« mit dem hochradioaktiven Müll in Angra schnell ein Teil des Ozeans.

Ähnlich wie in Europa, hat auch Brasilien noch keine Lösung für ein atomares Endlager gefunden. Die Konzerne machen Profit und scheren sich nicht um die hochradioaktive Hinterlassenschaft. Und die ist auch bei den zwei Atomkraftwerken Brasiliens beträchtlich. Laut einer Umweltfolgenstudie mit dem Titel »EIA-RIMA« produzieren bei der geplanten Betriebsdauer von 40 Jahren der Reaktor Angra 1 insgesamt 6589 Kilogramm hochradioaktives Uran-235 und 3957 Kilogramm Plutonium, bei Angra 2 und 3 wären es zusammen 10 880 Kilogramm Uran-235 und 12 640 Kilogramm Plutonium.[9]

Trotz Fukushima stimmten Union und FDP wieder für die Milliardenbürgschaft

Nach der Fukushima-Katastrophe hofften Umweltaktivisten in Deutschland und Brasilien zunächst, dass sich die Bundesregierung auch bei ihrem Engagement für ausländische Atomkraftwerke besinnen würde. Die Möglichkeit dazu hätte sie trotz bestehender Verträge. Denn auf eine »Kleine Anfrage« der grünen Bundestagsfraktion hatte die Bundesregierung bereits im August 2008 geantwortet: »Auf Basis einer bereits erteilten Grundsatzzusage hat der Antragsteller einen Anspruch auf endgültige Indeckungnahme des Geschäfts, es sei denn, es gibt eine wesentliche Änderung der Sach- und Rechtslage.«[10] Offenbar sieht die Bundesregierung für ausländische Atomkraftwerksprojekte deutscher Bauart keine »wesentliche Änderung der Sachlage«. Am 23. März 2011 stellten die Bundestagsfraktionen von SPD und Grünen folgenden Entschließungsantrag: »Der Deutsche Bundestag fordert die Bundesregierung auf, ab sofort keine Hermes-Bürgschaften für Nukleartechnologien oder andere Technologien, die für den Bau von Atomkraftwerken bestimmt sind, mehr zu vergeben und damit auch die dem Interministeriellen Ausschuss für Exportgarantien des Bundes vorliegenden Anträge auf Exportkreditgarantien für Zulieferungen für Atomanlagen bzw. den Export von Atomtechnologie abzulehnen, die Grundsatzzusage für die Hermes-Bürgschaft für Angra 3 in Brasilien sofort zurückzuziehen, die Hermes-Umweltleitlinien von 2001 umgehend wieder in Kraft zu setzen und zukünftig konsequent einzuhalten, die Atomverträge mit Brasilien und Argentinien durch eine Kooperation über erneuerbare Energien und Energieeffizienz zu ersetzen.«[11] Im Plenum des Bundestags spielte der Antrag im März 2011 nur für eine kurze Weile eine Rolle.

Der FDP-Abgeordnete Hermann-Otto Solms, Mitglied des Ausschusses für Wirtschaft und Technologie sowie Stellvertreter im Ausschuss für Umwelt, Naturschutz und Reaktorsicherheit, spricht gerade über das Moratorium zur Laufzeitverlängerung in Deutschland. Der Grünen-Abgeordneten Ute Koczy gewährt er nach gutem parlamentarischen Brauch eine Zwischenfrage: »Warum stehen Sie weiterhin dazu, die Hermes-Bürgschaft für Angra 3 nicht zurückzuziehen in Anbetracht dessen, dass sich die Lage auch national verändert hat? Warum sind Sie nicht bereit, das Moratorium auch international durchzusetzen und die Grundsatzzusage für die Hermes-Bürgschaft für Angra 3 zurückzuziehen?« Solms ist sonst durchaus offen für Zwischenfragen, doch für dieses Thema ist ihm die Zeit zu schade: »Ich möchte in den vier Minuten meiner Redezeit die Debatte nicht auf andere Themen lenken. Auch diese Fragen müssen geprüft werden.« Das will die SPD-Abgeordnete Barbara Hendricks nicht gelten lassen und ruft dazwischen: »Der Antrag liegt vor, Herr Kollege Solms! Er steht hier zur Debatte an!« Aber Solms erwidert: »Jetzt geht es in Deutschland um die Sicherheitskriterien für die deutschen Kernkraftwerke. Diese werden überprüft, und danach wird gehandelt.« Die Abgeordneten von Union und FDP applaudieren – Angra dos Reis ist vermutlich zu weit entfernt für ihren Horizont.[12] Dabei wäre mit der von SPD und Grünen eingebrachten Entschließung wenigstens für die Zukunft verhindert worden, dass mit deutschen Steuergeldern hochgefährliche Atomkraftwerke im Ausland gebaut werden. Doch der Antrag wurde mit den Stimmen von Union und FDP abgelehnt. Wenn es um die Sicherung strategischer Interessen der Atomkonzerne und Elektrokonzerne wie Siemens geht, ist die Bundesregierung nicht bereit, Sicherheit vor Profit zu stellen. Diese Abstimmung sagt alles über die tatsächliche Haltung der angeblich nachdenklich gewordenen Regierungsparteien CDU, CSU und FDP. Sie ist nur vorgetäuscht. Dass Fukushima noch lange nicht in den Köpfen von Politikern und Konzernlenkern angekommen ist, hat auch Karl Kerschgens erleben müssen. Seit vielen Jahren besucht er für den Verband der Kritischen Aktionäre die Siemens-Hauptversammlung – zuletzt am 25. Januar 2011. Einen Teil seiner Rede vor den Siemens-Aktionären widmete er der Investition in Brasilien: »Wir halten es für skrupellos und unverschämt, sich ein Risikogeschäft mit rückwärtsgewandter Technik durch Steuergelder absichern zu lassen, während der Konzern einen Gewinn von über 4 Milliarden Euro einfährt, nach Zeitungsmeldungen die Liquidität fast 9 Milliarden Euro beträgt und die Aktionäre fürstlich bedient werden.« Nun kann ein Konzern – im Unterschied zu einer Regierung – nicht einfach abgewählt werden. Trotzdem sollte ein Konzern wie Siemens, der hart daran arbeitet, sich ein »grünes« Image zu geben, darüber nachdenken, welches Signal von dieser »Weiter-so-Politik« ausgeht.

Aber zurück zur These der Regierungsparteien, die Atomenergie sei eine Brückentechnologie. Im Wahlkampfprogramm der CDU 2009 heißt es dazu: »Wir verstehen den Beitrag der Kernenergie zur Stromversorgung als Brückentechnologie, weil heute klimafreundliche und kostengünstige Alternativen noch nicht in ausreichendem Maße verfügbar sind. Daher streben wir eine Laufzeitverlängerung der sicheren deutschen Anlagen an. Einen Neubau von Kernkraftwerken lehnen wir ab.«[13] Für die Zusammensetzung von fast 30 Jahre lang herumliegenden Kraftwerksteilen zu einem brasilianischen »Neubau« scheint diese Wahlaussage der CDU nicht zu gelten.

Die nukleare Brücke trägt den Namen Siemens

Die Brücke, die Deutschland selbst nach einem Atomausstieg noch lange mit der Atomenergie verbinden würde, trägt einen Namen: Siemens. Angefangen vom ersten deutschen Atomkraftwerk 1968 in Obrigheim wurden bis 1989 insgesamt gut 20 Atomreaktoren von Siemens und seinem Tochterunternehmen KWU in Deutschland errichtet. Siemens unternahm zwar viele Bemühungen, auch in Deutschland neue Atomkraftwerke zu liefern, doch seit 1982 gab es keinen neuen Auftrag. Die letzten gebauten Kraftwerke werden auch die letzten in Deutschland sein, die vom Netz gehen: die Kraftwerke Emsland, Isar 2 und Neckarwestheim 2.[14] Da diese Branche ohne die Absicherung ihrer Risiken für den Fall eines Super-GAUs, die in die fünf bis zehn Billionen Euro gehen, und ohne viele andere Subventionen nicht überlebensfähig wäre, fand sich auch kein Energiekonzern mehr, der das Risiko auf eigene wirtschaftliche Kappe eingehen wollte.

Für Siemens war das dennoch kein Problem, denn schon seit Jahrzehnten betreibt der Konzern ein florierendes Auslandsgeschäft mit Atomkraftwerken. Für die Kraftwerksbauer von Siemens/KWU gehörte es offenkundig zum guten Ton, Lobbyisten in alle Welt ausschwärmen zu lassen, um Aufträge für neue Atomkraftwerke zu akquirieren – und das nicht selten mit Koffern voller Schmiergeld. So kam bei dem noch immer nicht abgeschlossenen Korruptionsermittlungen 2008 zutage, dass unter den 1,3 Milliarden über Jahrzehnte gezahlten Schmiergeldern allein gute 300 Millionen auf die Kraftwerkssparte entfielen.[15]

Das Atomgeschäft ist auch eine Geschichte der Korruption

Die Geschichte der Korruption in Sachen Atomkraft ist bei Siemens allerdings noch ein bisschen älter, und sie beginnt mit dem größten Atomkraftdeal des Konzerns 1969. Damals schloss Siemens/KWU einen Vertrag über 12 Milliarden DM mit dem Schah-Regime im Iran. Es ging um den Bau der beiden Atomkraftwerke in Buschehr mit einer Gesamtleistung von 1200 Megawatt,[16] die übrigens Jahrzehnte später im Ersten Golfkrieg vom Irak bombardiert wurden. Allein für den Bau der zwei iranischen Atomkraftwerke in Buschehr wurden laut den Ermittlungsakten rund 400 Millionen DM Schmiergelder an iranische Partner gezahlt. *Der Spiegel* berichtete über das Korruptionsgeflecht 2008 in einer atemberaubenden Titelgeschichte. Darin präsentierte das Magazin einen Kronzeugen gegen einen sehr prominenten Manager. Der galt lange Zeit als einer der angesehensten deutschen Konzernchefs und war ein enger wirtschaftspolitischer Berater von Bundeskanzlerin Angela Merkel: Heinrich von Pierer.[17] Der hatte seine Siemens-Karriere als Justitiar begonnen, und zwar just zu der Zeit, als Siemens/KWU mit den Iranern über den Atomdeal ins Gespräch kam. Der Tod eines Kollegen ermöglichte es ihm plötzlich, ins operative Geschäft einzusteigen. So erzählte es Pierer in einem Interview, das er 1992 dem *manager-magazin* gab: Zu den Verhandlungsteams »gehörten, wie bei uns üblich, ein Techniker und ein Kaufmann. Und ich von der Vertragsabteilung. Der Kaufmann starb 1977. Jetzt konnte auf dieser Position wieder ein versierter Kaufmann nachfolgen oder ein guter Kenner des Projekts. Die KWU-Chefs meinten, das soll der Pierer machen. So wurde ich KWU-Kaufmann.«[18] Als Pierer diese Geschichte öffentlich erzählte, ahnte er noch nicht, dass sie ihn eines Tages einholen würde. Denn im Zuge der Korruptionsermittlungen wurde man auf einen der einst engsten Vertrauten des Schahs aufmerksam: Abolfath Mahvi, der mittlerweile in Genf lebte. Er war nach eigenen Angaben der Mittelsmann für Siemens und erhielt am 29. Oktober 1974 einen sogenannten »Letter of Intent«. Für den Fall, dass KWU den Auftrag für die Atomkraftwerke erhalte, habe man ihm in dem Brief einen Anteil von 5 Prozent, also rund 400 Millionen DM, zugesagt. Danach habe er Stimmung für die Investition und damit für den Eintritt Irans in das Atomzeitalter gemacht, berichtete Mahvi, und auch, dass der Schah mit diesem Projekt schließlich die Entwicklung von Nuklearwaffen bezweckte. An harten Fakten zu den Schmiergeldzahlungen und der Rolle Heinrich von Pierers, tauchte laut *Spiegel* ein Schreiben des iranischen Mittelsmannes von 1995 auf. Mahvi lebte bereits in Genf, doch das Atomengagement von Siemens hatte offenbar die Wirren der Islamischen Revolution in Iran 1979 überstanden. Denn Mahvi berichtete, von Pierer persönlich sei am 18. Juni 1982 zu ihm nach Genf gekommen, um ihm die jährliche Abschlagzahlung von 24,71 Millionen Mark zu überreichen, in Form von drei Schecks. Insgesamt habe Mahvi bis 1978 von der KWU insgesamt 166,2 Millionen DM erhalten. 1987 bekam er noch einmal Geld, denn die

Bauarbeiten waren nach der Revolution zunächst gestoppt worden. Nach einer Vereinbarung vom 23. Dezember 1987, die dem *Spiegel* vorliegt, wurden Mahvi nochmals 67,5 Millionen Mark zugeschoben: »Insgesamt bekam Mahvi, mit einem kleinen Nachschlag 1994, nach eigenen Angaben also nur 266,6 der vereinbarten 400 Millionen Mark.«[19]

Im Januar 2011 veröffentlichte Heinrich von Pierer seine Autobiografie *Gipfel-Stürme*[20]. Darin ist von Schmiergeldzahlungen an iranische Partner nicht die Rede. Auch versucht Pierer darzustellen, dass Siemens keineswegs davon ausgegangen sei, einem totalitären Regime zu nuklearer Technologie zu verhelfen: »Wie viele andere gingen auch wir damals davon aus, dass sich im Iran der Demokratisierungsprozess, den der Schah begonnen hatte, fortsetzen würde und die radikalen Kräfte sich nicht durchsetzen könnten. Das war der Hintergrund, vor dem Siemens zur Planung und Umsetzung dieses gewaltigen Infrastrukturprojekts im Iran antrat.«[21]

Siemens machte den Iran und Brasilien atomwaffentauglich

Heinrich von Pierer bleibt bis heute dabei, dass er weder selbst jemals an Schmiergeldzahlungen beteiligt gewesen sei noch von solchen gewusst habe. Der Siemens-Konzern teilte zu den Iran-Geschäften mit, diese Angelegenheiten ließen sich nicht mehr nachprüfen. Strafrechtlich wären diese Taten ohnehin verjährt. Diese Geschichte hat allerdings einen überaus aktuellen Aspekt. Denn sie zerstört zugleich die Legende der Atomlobby von der »friedlichen Nutzung der Kernenergie«. Sollte der Iran an der Entwicklung von Nuklearwaffen arbeiten, wären diese kaum noch von dem Namen eines deutschen Konzerns zu trennen: Siemens. Das übrigens muss auch von anderen Siemens-Deals gesagt werden, zum Beispiel die bereits erwähnte Investition im brasilianischen Angra dos Reis. Lange Zeit strebte Brasilien nach einer eigenen Atombombe, und erst unter Präsident Luiz Inácio Lula da Silva verzichtete das Land auf diese Pläne und schrieb den Verzicht auf Nuklearwaffen sogar in die eigene Verfassung.[22]

Doch bleiben wir bei der Geschichte der Verbreitung deutscher nuklearer Kraftwerkstechnik in der Welt. Sie ist noch heute nur mit einem Namen verbunden: Siemens. Und sie ist eine Geschichte der Korruption. So schrieb *Der Spiegel* 2008 in seiner Titelgeschichte zum Siemens-Bestechungssumpf: »Was die Fahnder stattdessen aus ihren Belegen und Aussagen zusammenpuzzeln, ist ein anderes Bild, ein schockierendes: eine ehrenwerte Gesellschaft auf Aktienrecht. Oben die alte Führung, eine Herrenrunde mit besten Beziehungen in Politik, Justiz und Geheimdiensten, die gesellschaftliche Verantwortung gelobt und dafür höchsten Respekt genießt. Und darunter der Apparat, der, in weiten Teilen gedeckt von der Führung, nach ganz anderen Regeln arbeitet, sich über das Gesetz stellt, in seiner eigenen Welt lebt. Einer Welt, in der es oftmals nicht danach geht, was Recht ist, sondern was Siemens recht ist.«[23]

Während Pierers Zeit als Vorstandsvorsitzender von Siemens, von Oktober 1992 bis Januar 2005, sollen laut Staatsanwaltschaft 1,3 Milliarden Euro Schmiergelder geflossen sein – darunter, wie gesagt, gut 300 Millionen für die Kraftwerkstechnik. Pierer persönlich beteuerte immer seine Unschuld. Trotzdem einigte er sich mit dem Siemens-Aufsichtsrat 2009 auf eine Zahlung von fünf Millionen Euro, die er Siemens als Schadensersatz überwies.[24] Die meisten Siemens-Manager haben sich mittlerweile durch Vergleiche bei der Staatsanwaltschaft und ihrem früheren Arbeitgeber »freigekauft«. Angesichts der Milliardenaufträge dürfte Siemens die Affäre mit einem lachenden und einem weinenden Auge verbucht haben – gäbe es nicht eine neue, doch dazu später.

Die Chance für Siemens war Tschernobyl

Motor des nuklearen Kraftwerksgeschäfts waren nicht nur Schmiergelder. Ausgerechnet die Atomkatastrophe von Tschernobyl 1986 brachte neuen Schwung in das Siemens-Geschäft. Gemeinsam mit dem staatlichen französischen Kraftwerksbauer Framatome präsentierte man der Welt einen angeblich deutlich sichereren neuen Druckwasserreaktor: den European Pressurized Water Reactor (EPR). Zwei Reaktoren dieses Typs wurden gebaut: im französischen Flamanville und im finnischen Olkiluoto. Für den Bau des Kraftwerks in Finnland kam Siemens sogar in den Genuss einer billigen Finanzierung durch die Bayerische Landesbank. Die grüne Landtagsabgeordnete Ruth Paulig sagte im Juni 2004, die Bayerische Landesbank sei Teil eines Bankenkonsortiums, das den Reaktorbau in Finnland mit einem Großkredit von 1,95 Milliarden Euro zu einem Billigzins von 2,6 Prozent finanziere.[25] Als sie den damaligen CSU-Finanzminister Kurt Faltlhauser damit konfrontierte, bestritt er die Fakten nicht, sondern verwies darauf, es handle sich um die »Entscheidung einer Geschäftsbank«. Doch dann ließ er sich zu einem allgemeinen Statement zum Atomausstieg hinreißen. Der Ausstieg werde für Deutschland noch »desaströse Folgen« haben. Und er fuhr fort: »Wir werden energiepolitisch gegen die Wand laufen. Weltweit sind gegenwärtig 440 Atomkraftwerke am Netz. 16 Prozent der gesamten Elektrizität in der Welt werden in Kernkraftwerken produziert, und 27 Kernkraftwerke sind gegenwärtig im Bau. Das zeigt: In der Welt ist die Kernenergie eine ganz gebräuchliche Energieform.« Zum Kredit der landeseigenen Bank für das Projekt sagte er: »Auch der Bau und damit die Finanzierung der Kernkraftwerke ist ein völlig üblicher Vorgang in der Welt. Und deshalb ist es auch ein völlig legitimer und üblicher Vorgang.«[26]

Siemens-Vorstand Heinrich von Pierer sah auch nach Tschernobyl keinen Anlass, von der Atomtechnologie abzurücken. 1992 sagte er über die wachsende Atomskepsis: »Mich beeindrucken die Ängste der Menschen sogar sehr. Die nehme ich außerordentlich ernst, und da kann man sich nicht so mit einfachen Argumenten drüber hinwegsetzen. Gerade die Menschen, die mehr davon verstehen, müssen immer dazu beitragen, solche Ängste abzubauen. Ich weiß auch, dass man Ängsten, Emotionen nicht nur Argumente entgegensetzen kann. Ich bin aber überzeugt, dass sich auf Dauer auch die Einstellung zur Kernenergie wandeln wird. In Amerika ist das bereits ganz deutlich zu spüren. Dort werden zum Ende dieses Jahrhunderts, so nimmt man an, wieder neue Kernkraftwerke gebaut werden. Die Japaner bauen auch. Die Franzosen haben niemals eine andere Meinung vertreten, und in England wird ebenfalls neu gebaut.«[27]

Gern sahen die Verfechter den Europäischen Druckwasserreaktor als Symbol der vielbeschworenen »Renaissance der Kernenergie«. Doch weder wirtschaftlich, noch sicherheitstechnisch hielt das Prestigeprojekt ein, was Politiker und Konzerne einst versprochen hatten. Zu Beginn kündigte Siemens damals vollmundig einen »inhärent sicheren« Reaktor an. Aufgrund einer geringeren Leistung und seiner Konstruktion berge er ein deutlich geringes Risiko eines Kernschmelzunfalls.[28] Stattdessen entwickelte sich das Projekt zu einem Megareaktor mit einer elektrischen Leistung von 1600 Megawatt. Hinzu kam ein Systemfehler mit möglichen fatalen Folgen: So war beim EPR für den Fall einer Kernschmelze ein Auffangbecken zur Kühlung der geschmolzenen Brennstäbe vorgesehen, doch dieses barg die Gefahr von Dampfexplosionen, die den gesamten Reaktorkern zerstören könnten. Dazu schreibt die Organisation Internationale Ärzte für die Verhütung des Atomkrieges: »Auf einem ›EPR-Workshop‹ der schleswig-holsteinischen Landesregierung in Kiel im Jahr 1999 wurde ausführlich über laufende Experimente zur Kühlung von Metallschmelzen berichtet. Es zeigte sich, dass das Aufeinandertreffen der heißen Schmelze mit dem Kühlwasser zu heftigsten Explosionen führen kann. Mindestens einmal führten die Experimente zur Zerstörung einer Versuchsanlage. Es zeigte sich, dass die Sprengkraft selbst für den angedachten Sicherheitsbehälter aus doppelwandigem Stahlbeton zu groß wäre.«

Seither tauchten immer neue Mängel auf, und da Mängel Geld kosten, verzögerten und verteuerten sich die Projekte in Finnland und Frankreich. Sollte das Atomkraftwerk Olkiluoto einst 3,2 Milliarden Euro kosten, wird es heute auf 5,2 Milliarden Euro veranschlagt.[29] Auch in Frankreich explodierten die Kosten. Wann die Kraftwerke ans Netz gehen werden, ist noch nicht absehbar.

Siemens verschwindet aus dem Namen und baut weiter

Der Siemens-Konzern dürfte jedenfalls froh sein, im Jahr 2001 eine kluge Entscheidung getroffen zu haben. Damals fusionierte die Siemens-Tochter KWU mit der französischen Framatome zu der neuen Tochtergesellschaft Framatome

ANP [NP steht für Nuclear Power]. Obwohl Framatome und Siemens etwa gleich große Anteile hielten, wurde der Name Siemens, anders als bei anderen Tochterunternehmen, getilgt, so dass bei eventuellen Skandalen im Kernkraftgeschäft der Name Siemens nicht mehr in die Schlagzeilen gerät. Framatome ANP hat sich seither an zahlreichen ausländischen Atomkraftwerksprojekten beteiligt. Insbesondere in Osteuropa war das Unternehmen als Partner willkommen. So hatten die Regierungen Frankreichs und Deutschlands bereits nach Tschernobyl der Ukraine eine Nachrüstung der Atomkraftwerke angeboten – obwohl das Land selbst im Zeichen des Schocks lieber sichere Gaskraftwerke gebaut hätte.[30]

Neben dem Europäischen Druckwasserreaktor entwickelte Siemens zwei weitere Reaktortypen: den Siedewasserreaktor SWR-1000 und liefert – in Kooperation mit Russland – Teile für den Druckwasserreaktor WWER-640, wiederum mit Unterstützung der bayerischen Landesregierung.[31] Der Prototyp wird gegenwärtig am russischen Standort Sosnovy Bor errichtet. 1996 ergatterte Siemens den Auftrag, das bereits begonnene Atomkraftwerk Mochovce mit fertigzustellen – zum Ärger Österreichs nur 180 Kilometer von Wien entfernt. Dabei handelte es sich um Reaktoren des uralten Typs VVER 440/213, die nach der Wende in der DDR aus Sicherheitsgründen sofort stillgelegt wurden. Ihre Baukonzepte stammen noch aus den 60er Jahren.[32] Auch dieses Projekt gelang nur dank einem Staatskredit durch die Kreditanstalt für Wiederaufbau sowie einer Hermes-Bürgschaft der Bundesregierung – übrigens zur Amtszeit der atomfreundlichen Bundesumweltministerin Angela Merkel. Experten vom Wiener Institut für Risikoforschung kritisierten die westliche Aufrüstung veralteter russischer Technik und verglichen sie mit einem »Trabi mit Airbag«[33]. Noch im September 2010 unternahm der österreichische Bundeskanzler Werner Faymann den Versuch, mit Angela Merkel über Mochovce zu sprechen. Doch einen Erfolg konnte er nicht vermelden: »Es ist mir klar, dass wir mit unserer Position eine Minderheit in der EU darstellen und ich weiß eine starke Atomlobby gegen uns«, sagte Faymann.[34] Zu jener Zeit hatte Angela Merkel bekanntlich alle Hände voll zu tun, um die Laufzeitverlängerung deutscher Atomkraftwerke über die Bühne zu bringen.

Die Brücken der deutschen Nuklearindustrie sind längst weit gespannt: Gemeinsam mit russischen Kraftwerksfirmen erhielt Siemens 1998 den Auftrag über die Lieferung von Leittechnik für den Bau von zwei Reaktoren in China.[35] Die Atommeiler vom russischen Typ WWER-1000 werden in einer Freihandelszone nahe der Vier-Millionen-Stadt Lianyungang errichtet – ein Projekt, das, wie bereits geschildert, zunächst auch den damaligen Bundeskanzlers Schröder begeisterte.

Großrazzia bei Siemens-Tochter Areva im März 2011

2006 übrigens nannte sich das Siemens-Tochterunternehmen Framatome ANP wiederum um in AREVA NP [Nuclear Power] und erneut dürfte sich Siemens freuen. Denn am 5. April 2011 rückten sieben Staatsanwälte und hundert Polizisten zu einer Großrazzia in die deutschen Geschäftsräume von AREVA NP in Erlangen sowie Privatwohnungen von Firmenmitarbeitern an insgesamt 31 Orten aus.[36] Ermittelt wird gegen acht Firmenmitarbeiter wegen eines umfangreichen Geflechts von Schmiergeldzahlungen. Zwischen 2002 und 2005 soll ein zweistelliger Millionenbetrag in schwarze Kassen gezahlt worden sein. Die Staatsanwaltschaft ließ auch Büros in Tschechien durchsuchen.

Siemens hat sich übrigens längst zu neuen Ufern aufge-macht. Anfang 2009 hat die Siemens AG ihren Aktionären mitgeteilt, dass sie ihr Joint Venture mit Areva gekündigt habe. Da aber noch ein Schiedsgerichtsverfahren dagegen läuft, ist die Firmenkooperation noch nicht endgültig auf-gehoben. Auf jeden Fall will sich der Siemens-Konzern sein AREVA-Engagement versilbern lassen. So schätzen Analysten den Erlös aus dem Verkauf des Siemens-Anteils auf 1,6 Milli-arden Euro.[37] Erstaunlich ist die Mitteilung, die Siemens hin-sichtlich der Zukunft macht: »In der Folge wurden Gespräche mit der staatlichen Atomenergiegesellschaft Rosatom über eine mögliche neue Partnerschaft aufgenommen, die im Be-reich des Kernkraftwerksbaus tätig sein soll und in der die Siemens AG Minderheitsaktionär würde.«[38] Bereits 2009 unterschrieb Siemens einen »Letter of Intent« für das Zu-sammengehen mit Rosatom.[39] So bietet sich weiterhin eine Chance, als Minderheitsaktionär den altehrwürdigen Namen Siemens zu verstecken. Nur für den Fall, dass es bei der Wei-terverbreitung der nuklearen »Brückentechnologie« zu neuen Skandalen käme.

6

Atomstrom ist billig, sauber und versorgungssicher

Wie Lobbyisten und Politiker die Öffentlichkeit manipulieren

Es ist ein sonniger Samstag in der brandenburgischen Hauptstadt Potsdam. Auf dem Platz vor dem Brandenburger Tor haben sich etwa zwei Dutzend Aktivisten der »Volksinitiative gegen Windräder« versammelt. Sie tragen rote T-Shirts mit durchgestrichenen Windkraftanlagen darauf und halten Protestschilder in die Luft mit Aufschriften: »3000 Windräder in Brandenburg – rettet unser Land!« Es ist der 2. April 2011, und aus Tokio melden an diesem Tag die Nachrichtenagenturen, aus einem 20 Zentimeter großen Riss in der Hülle des Reaktors 2 trete hochradioaktiv belastetes Wasser aus. Experten deuten das als erneuten Hinweis auf eine Kernschmelze.[1] Seit 23 Tagen blickt die Welt gebannt auf die Geschehnisse in Fukushima-Daiichi. Die Anti-Windkraft-Aktivisten in Potsdam versuchen, mit Passanten ins Gespräch zu kommen – aber die meisten ziehen vorüber, einige blicken etwas irritiert. Auf einer der mitgebrachten Infotafeln steht: »Wer die Einsparung von CO_2 zur Errettung des Klimas ernst nehmen würde, würde keine Windanlagen aufstellen oder über CCS-Technik nachdenken, sondern weltweit alle Kohlekraftwerke abschalten und durch 6000 neue Kernkraftwerke ersetzen.« Das hübsche Potsdam dürfte in jenen Tagen wohl der einzige Ort auf der Welt sein, an dem jemand 6000 neue Atomkraftwerke fordert.

Aber was bewegt Menschen, die sich, berechtigt oder nicht, über zu nah an ihren Siedlungen gebaute Windkraftanlagen beklagen, zugleich abstrusen Thesen aufzusitzen? Auf ihren Plakaten stehen Behauptungen, die das gesamte Argumente-Arsenal der Lobby von Atomkonzernen sowie der energieintensiven Industrie wiedergeben. Da steht zum Beispiel: »Windstrom spart kein CO_2, weil herkömmliche Kraftwerke stets mitlaufen müssen. Ohne Strom ins Netz geben zu dürfen, stoßen sie als Kohle- oder Gaskraftwerke weiterhin Kohlendioxid aus. Anders also, als behauptet, wird indirekt durch Windkraft CO_2 produziert. Es sei denn, man hielte Kernkraftwerke zum Mitlaufen bereit, um die Ausfälle von Windkraftstrom aufzufangen.« Es ist das Argument der Atom- und Kohlestromkonzerne von der Grundlast, die bereitgehalten werden müsse für den Fall, dass der Wind nicht weht und die Sonne nicht scheint. Und dafür brauche es noch für lange Zeit klimaneutrale Kernkraftwerke, lautet die Lösung der Atomlobby. Auf einem anderen Plakat der Initiative steht: »Windenergie gefährdet die nationale Stromversorgung« – es ist das Argument der Lobby, der Ausbau erneuerbarer Energien bedrohe die Versorgungssicherheit. Und auch das Argument der billigen Stromversorgung dank Atomkraft fehlt auf den Plakaten der Windkraftgegner nicht: »Windenergie schamloser Griff in unsere Brieftaschen« und »Windenergie treibt durch hohe Stromkosten mittelständische Betriebe in den Ruin und Großindustrie und Arbeitgeber aus dem Land.«

Bevor wir uns diese drei Kernargumente der Atomlobby: billige Stromkosten, Klimafreundlichkeit und Versorgungssicherheit genauer ansehen, werfen wir aber noch einen Blick auf die Bewegung, die diese Argumente gegenwärtig am meisten verbreitet: die Szene der Windkraftgegner. Denn sie sorgen dafür, dass längst widerlegte Propagandalügen der konventionellen Strombranche wieder ein Massenpublikum erreichen – nicht im Fernsehen, sondern live vor Ort bei Bürgerversammlungen an Hunderten deutscher Orte.

Ein Anti-Windkraft-Experte
mit bestem Draht zur Atomlobby

Unter den Windkraftaktivisten, die sich in Potsdam versammelt haben, ist ein Ehepaar aus Schäcksdorf in der Lausitz. Aufgeregt spult der Mann die Argumente herunter, die bereits auf den Plakaten und Infotafeln zu sehen sind. Ich frage seine Frau, auf welche Weise sie denn betroffen seien von den Windrädern. Sie sagt, nur tausend Meter seien diese entfernt, das sei unerträglich. Sie bewegt – wie die meisten Anwohner von Windkraftanlagen – die wissenschaftlich nicht belegte[2] Wirkung des sogenannten Infraschalls, die nicht zu leugnende Verstellung der Landschaft und nicht zuletzt die mögliche Entwertung von Grundstücken. Kleinlaut räumt sie aber ein, sie und ihr Mann hätten beim Kauf des Grundstücks für ihr Eigenheim nicht aufgepasst, da zu dem Zeitpunkt der Bau von fünf Windkraftanlagen längst beschlossen war. Trotzdem müssen sie Hoffnung geschöpft haben, dass sie die Dinge noch wenden könnten – per Anwalt. Wer denn ihr Anwalt sei, frage ich. »Da kam extra immer der Herr Brauns angereist«, erzählt die Dame aus Schäcksdorf. Armin Brauns gilt als *der* Anti-Windkraft-Anwalt in Deutschland, er betreibt seine Kanzlei in Schrozberg-Bartenstein in Baden-Württemberg. Bis nach Schäcksdorf sind es gute 550 Kilometer. Die Reisekostenabrechnungen des Anwalts dürften nicht niedrig sein. Der Jurist muss also seinen Preis wert sein.

Mich interessiert nun, was er für sein Geld getan hat, und ich wende mich an den Betreiber der Windkraftanlage. Armin Brauns hat laut Aktenlage im Jahr 2008 einen Widerspruch des Ehepaars gegen die Genehmigung eines sechsten Windrads eingereicht. Jede Menge Papier und das immer gleiche Argument vom sogenannten Infraschall – ein Argument, das bereits vor einem deutschen Verwaltungsgericht durchgefallen ist, weil auch die dortigen Richter darauf hinwiesen, dass diese Form des Schalls unterhalb der Wahrnehmbarkeitsschwelle liegt. War der Widerspruch des von weither gereisten Anwalts Brauns also wertlos? Für die Anwohner war er es gewiss, denn er wurde prompt vom Landesumweltamt Brandenburg zurückgewiesen. Trotzdem hatte das Verfahren dem Windanlagenbauer eine Verzögerung beschert. Verfahren dieser Art streuen beim Ausbau erneuerbarer Energien Sand ins Getriebe – selbst wenn sie aussichtslos sind. Aber wer könnte davon profitieren? Denn der Anwalt selbst dürfte bei einem solch ausführlichen Schriftsatz und der langen Anfahrt kaum auf seine Kosten kommen.

Armin Brauns ist einer der aktivsten Anwälte Deutschlands gegen den Bau oder Betrieb von Windkraftanlagen. Die Kanzlei hat sogar eine Internetseite mit dem Titel »Gegenwindkraft.de« und berät Land auf, Land ab Bürger und Gemeinden, die Windkraftanlagen verhindern wollen. Doch Brauns ist nicht nur als Rechtsanwalt im strengen Sinne tätig. Häufig taucht er bei Bürgerversammlungen auf, und zwar so häufig, dass man sich wundert, wie er als Anwalt auf seine Kosten kommen will. Im Mai 2009 zum Beispiel war er in Effendorf, einem Stadtteil von Dettelbach am Main, bei einer Informationsversammlung einer Freien-Wähler-Gruppe (UCW). Das Lokalblatt *Main-Post* schrieb darüber: »Einen Überblick über die rechtliche Problematik verschaffte Rechtsanwalt Armin Brauns, der jedoch nicht in ›dieses Verfahren eingreifen‹ wollte.«[3] Das bestätigt auch der Dettelbacher Bürgermeister Reinhold Kuhn: »Meines Wissens war Brauns da nicht als Anwalt eingeladen, hatte auch keine Mandanten dort.« Armin Brauns legt also zuweilen weite Strecken zurück, ohne überhaupt ein anwaltliches Mandat zu verfolgen oder ergattern zu wollen. Er scheint wirklich ein Idealist zu sein. Zumal er sich am Wochenende noch einen skurrilen Zweitjob gönnt. Mit seinem Sohn betreibt er in Schrozberg das Speditionsunternehmen »Brauns Transporte«, bei dem sich die beiden als Lkw-Fahrer anbieten: »Unser Einsatzbereich beginnt da, wo andere aufhören oder aufhören müssen.«[4]

Bei der Informationsveranstaltung in Effendorf tauchte neben dem Rechtsanwalt, Windkraft-Rechtsexperten und Lkw-Fahrer Brauns ein weiterer »Experte« auf. Die *Main-Post* vermerkte dazu: »Mit Diplomingenieur Johann Waldmann, Fachbeirat im Landesverband Gegenwind Bayern, meldete sich ein weiterer Gegner zu Wort.« Was die Leser nicht erfuhren: Johann Waldmann war bis zu seiner Rente Ingenieur bei dem deutschen Atomanlagenbauer Siemens/KWU. Der Dettelbacher CSU-Bürgermeister Reinhold Kuhn kann die Ängste von Bürgern durchaus nachvollziehen und bemüht sich um Sachlichkeit. Der Mensch sei Teil der Natur und auf seine Bedürfnisse müsse ebenfalls Rücksicht genommen werden, sagt er. Bei Brauns und Waldmann habe er aber »das Gefühl, sie sind grundsätzlich gegen Windkraft und reisen als Team und Interessenvertreter gegen Windkraft durch das Land. Sie wollen mit weiteren Aktivisten prinzipiell die Errichtung von Windrädern im Frankenland verhindern.« Lange noch habe

Johann Waldmann eine Informationsflut in sein Bürgermeisterbüro geschickt, berichtet Kuhn.

Waldmann ist ein ebenso glühender Gegner der Windkraft wie er ein leidenschaftlicher Befürworter der Atomkraft ist – mit besten Beziehungen zum Lobbyverband Deutsches Atomforum und der Kerntechnischen Gesellschaft e.V. Dort nahm er im April 2007 an einer Tagung teil, neben dem Cheflobbyisten von E.ON, Thomas Kästner, und dem Pressesprecher des Atombaukonzerns AREVA.[5] Aber nicht nur auf Tagungen und Bürgerversammlungen gegen Windkraftanlagen tritt Waldmann auf, er versucht auch auf Publizisten Einfluss zu nehmen. So dankt ihm zum Beispiel der Buchautor Gerald Mackenthun (*Die Panikmacher*) auf seinem Internetblog für seine Zuarbeit.[6] Waldmann hatte unter dem Titel »Informationen über Kernenergie« eine Liste von »Informationsquellen« zusammengestellt, die vom *Lexikon Kernenergie* über die Website »Kernenergie.de« des Lobbyverbands Deutsches Atomforum und die IAEO bis zur atomkraftfreundlichen Propagandaseite »Energie-Fakten.de« reichen. Waldmanns Sorgen um den von Windkraftanlagen zerstörten deutschen Wald, haben also noch andere Hintergründe.

Wie der Rechtsanwalt und Lkw-Fahrer Armin Brauns sein Geld verdient, interessiert mich auch. Ich schicke ihm einen umfangreichen Fragenkatalog und frage, wie er zu seinen Mandanten im fernen Brandenburg gekommen sei. Auch möchte ich wissen, ob er in Dettelbach-Effendorf Mandanten vertritt und wie die Zusammenarbeit mit dem ehemaligen Siemens-Ingenieur Waldmann zustande kam. Schließlich frage ich ihn, ob er geschäftliche Beziehungen mit der Energiebranche unterhält. Er antwortet nicht. Als ich in der Kanzlei anrufe, sagt er kurz: »Ach, wegen meiner Bezüge, fragen Sie? – Nein, ich bin nicht bereit, derartige Erklärungen abzugeben.« Auch die anderen Fragen will er nicht beantworten. In Schrozberg-Bartenstein ist auch der Sitz einer der ersten deutschen Anti-Windkraft-Bewegungen »Bundesverband Landschaftsschutz (BVL)«. Präsident des BLV ist ein gewisser Ferdinand Fürst zu Hohenlohe-Bartenstein.[7] Und der wohnt direkt im Schloss zu Schrozberg, sozusagen in Rufweite der Anwaltskanzlei Armin Brauns. Wer die Argumente des BLV gegen Windanlagen liest, könnte es auf der Stelle mit der Angst zu tun bekommen:

»Von Windanlagen gehen massive Gefährdungen aus. Bei Ausfall der Bremsen kann der Rotor überdrehen und sich von der Gondel lösen und abstürzen. Bei Überhitzung oder Blitzschlag kann ein ausgebrochenes Feuer von der Feuerwehr aufgrund der großen Höhe nicht gelöscht werden.

Bei Frost und hoher Luftfeuchtigkeit droht Eiswurf. Hierbei können Eisschollen, die sich durch die Drehung der Rotoren von denselben lösen, über 500 m weit fliegen. Diese Schollen, die mehr als ein Kilogramm wiegen, können zu einem tödlichen Geschoss werden.

Windanlagen töten tagtäglich unzählige Vögel und Fledermäuse. Windindustrie und Vogelschützer bestreiten dies paradoxerweise. Die meisten Opfer werden von Füchsen, Mardern usw. beseitigt – oder auch von dazu Beauftragten.

Besonders schwer ins Gewicht fallende Argumente betreffen die Wirtschaftlichkeit der Windenergie. Wir wissen, dass der Wind nirgendwo konstant weht. Deshalb müssen Kern-, Kohle- oder Gaskraftwerke permanent für eine stabile Netzspannung sorgen.«[8]

Da ist sie wieder, die gute alte Atomenergie, die für sichere Stromversorgung steht!

Windkraftinitiativen waren die letzte Chance
der Stromlobby

Seit Jahren fällt auf, dass Windkraftgegner mit teils abstrusen wissenschaftlichen Thesen die körperliche Gefährdung durch Windanlagen beschwören, in ihrer wirtschaftlichen Argumentation aber eins zu eins die Argumente der großen Energiekonzerne übernehmen. Die Plattform des Widerstands gegen Windkraftanlagen ist längst zu einem probaten Spielfeld der Lobby der Stromkonzerne geworden. Denn seit mehr als einem Jahrzehnt befürwortet eine klare Mehrheit der deutschen Bevölkerung den Atomausstieg. Längst hat diese Lobby ihren früheren Einfluss auf Journalisten und Medien eingebüßt – mithin die Deutungshoheit über die Energiepolitik. Aber nirgendwo bot sich zugleich die Chance, die alten Argumente so emotional einem Massenpublikum nahezubringen, wie bei den Windkraftbetroffenen. So spricht der Bundesverband Landschaftsschutz von 1000 Bürgerinitiativen gegen Windkraft in ganz Deutschland. Selbst wenn es einige weniger wären, genügt das, um beim Ausbau der erneuerbaren Energien Sand ins Getriebe zu streuen. Denn auch letztlich verlorene Klagen verlangsamen den Ausbau. Aber wer hat ein ökonomisches Interesse, den Ausbau der Windenergie zu hemmen?

Die Antwort bietet ein Fall von verdecktem Lobbyismus, auf den ich im Jahr 2004 bei einer Recherche für das ARD-Magazin MONITOR stieß.[9]

Damals führte mich der Weg zu Windkraftinitiativen in die Eifel und nach Brandenburg. Der Windkraftanlagenbauer Jörg Temme hatte eine solche Anlage in der Nähe von Zilsdorf in der Eifel gebaut. Obgleich in relativ großem Abstand von ihren Häusern, ärgerten sich die Anwohner zum Beispiel über den sogenannten Infraschall, der durch die Schwingung der Rotoren entstehe und sich über Kilometer durch den Boden bis in ihre Häuser verbreite. Einer von ihnen sagte damals empört: »Dieser Infraschall, der überträgt sich über lange Distanzen, ja, über den Boden und über die Luft, ja? Und kann bei Menschen durchaus Krankheiten hervorrufen.« Unterstützt wurden die Windkraftgegner der Zilsdorfer Initiative von einem Anwalt namens Thomas Mock mit einer Kanzlei in Königswinter am Rhein. Ich suchte diesen Anwalt und vermeintlich wichtigen, unabhängigen Experten auf. Auch er kam sofort auf das Thema Infraschall zu sprechen: »Von den ganz großen Dingern, wie sie jetzt da in Zilsdorf, das sind ja 2,5 Megawatt, das sind Riesendinger, die haben eine Eigenschwingung durch den Turm usw. Der Kölner Dom hat auch eine Eigenschwingung. Aber beim Stahl ist das eine andere Geschichte, der Schall überträgt sich durch den Boden fort und kann, wenn die Häuser nicht ganz so weit weg sind und der Boden steinig ist, auf Häuser stoßen und schwingt sich innerhalb der Räume hoch.«

Der Windanlagenbauer Jörg Temme wunderte sich über die agile Reisetätigkeit von Anwalt Mock. Erstmals sei er auf Mock bei einer Bürgerversammlung in Rheinland-Pfalz getroffen, tags darauf bei einer Initiative in Rahden, Nordrhein-Westfalen, und als er das nächste Projekt – diesmal in Zilsdorf – vorstellen wollte, war Mock wieder zugegen. »Den vierten Tag war ich dann mit Herrn Mock konfrontiert, weil er beratend für eine Bürgerinitiative in Detmold, Nordrhein-Westfalen, erneut auftauchte«, erinnerte sich Temme. Der Bürgermeister von Walsdorf-Zilsdorf, Horst Kolitsch, beobachtete Mock mehrfach bei Versammlungen. Dort habe es Gegner gegeben, aber auch Leute, die die Windräder tolerieren würden. Mock sei immer mit Argumenten aufgetreten, »die eigentlich keine richtigen sind, dann treibt man langsam aber sicher richtig Keile in die Dorfgemeinschaften rein«. Der Bürgermeister sagte damals über Mock, er könne sich nicht vorstellen, dass dieser Anwalt ein »moderner Robin Hood« sei. Er lag richtig.

Im brandenburgischen Sputendorf bei Berlin jedenfalls freute sich die Bürgerinitiative gegen einen geplanten Windpark über den Windkraftexperten und Anwalt Mock – insbesondere darüber, dass dieser nur pauschal ein Honorar von 500 Euro pro Jahr verlangt und noch immer keine Rechnung geschickt hatte. Denn Mock hatte ein mehrseitiges Schreiben an die Planungsbehörde geschickt und die Initiative telefonisch beraten. Im Sommer reiste er sogar eigens zu einer Bürgerversammlung an. Also doch ein Robin Hood? Wohl kaum, denn ein Versuch, die Anwaltskanzlei in Königswinter zu finden, schlug 2004 fehl: Damals jedenfalls war an seiner angegebenen Adresse nur ein Privathaus zu finden. Kein Anwaltsschild, kein Eintrag bei der Telefonauskunft – wie es die Bundesrechtsanwaltsordnung vorsieht.

Kurz darauf fand ich Mock in Stade bei Hamburg. Für eine Protestveranstaltung gegen die für Ende 2004 geplante Stilllegung des Kernkraftwerks hatte die CDU Mock in einer ganz anderen Funktion eingeladen: Als Thomas Mock von Hydro Aluminium. Mock trat ans Rednerpult und hielt eine scharfe Rede gegen den Atomausstieg: »Wir brauchen eine Energiepolitik insbesondere, die die Kosten nicht weiter ansteigen lässt und die spezifische, nur im Deutschen existente Kosten wieder auf ein wettbewerblich neutrales Maß zurückschraubt.«

Thomas Mocks Arbeitgeber, die Aluminiumhütte Hydro, hat vor allem Interesse an billigem Strom. Denn nirgendwo wird so viel Strom verbraucht wie in den Aluminiumhütten – 40 Prozent aller Kosten sind Stromkosten. Die garantierte Einspeisevergütung verteuert den Strom für die Industrie – allerdings auch nur aufgrund von versteckten Subventionen der Atomkraft. Doch dazu später.

Als ich Thomas Mock damals mit dem Vorwurf des verdeckten Lobbyismus konfrontierte, bestritt er ihn: »Ich habe eine ganz normale Rechtsanwaltszulassung und kann im Rahmen dieser Zulassung solche Mandate natürlich wahrnehmen.« Ich hielt ihm entgegen, dass doch die Aluminiumindustrie gegen die hohen Einspeisevergütungen der Windkraft sei. Mock sagte nur: »Nein, die Aluminiumindustrie ist nicht gegen die hohe Vergütung der Windkraft, sondern dafür, dass die Politik in einigen Bereichen, wo sie davon besonders betroffen ist, Rücksicht nimmt auf diese besonderen stromintensiven Betriebe.«

Mittlerweile konzentriert sich Mock auf die Aufgabe, die »Rücksichtnahme« der Politik einzufordern. Er ist jetzt ganz offen Lobbyist und im deutschen Büro des Aluminiumkonzerns Hydro für »politische Kontakte« zuständig.[10] Mock sitzt auch im Ausschuss für Umwelt und Klimaschutz des Verbandes der Industriellen Energie- und Kraftwirtschaft e.V. (VIK)[11]. Bei einem Vortrag stellte er zugleich die Unternehmerinitiative »Metalle pro Klima« vor, die die »politische Verhandlungsposition« verbessern helfe. Mock referierte auch über »Energie- und industriepolitische Ziele«: »Versorgungssicherheit: Erhalt der Grundlast aus Kernenergie und Kohle«[12].

Ist die Atomkrafterzeugung tatsächlich billiger?

Windkraft ist nach der Lesart rückwärtsgewandter Lobbyisten – zumindest im Inland – ein Störenfried, weil sie die Gewinne aus dem sogenannten »Grundlastbetrieb« von Großkraftwerken schmälert. Denn seit Inkrafttreten der sogenannten Ausgleichsmechanismus-Verordnung zum 1. Januar 2010 müssen auch regenerative Energien an den kurzfristigen Spotmärkten der Strombörse gehandelt werden. Atom- und Braunkohlekraftwerke verkaufen ihren Strom zwar schon 1 bis 2 Jahre im Voraus an der Terminbörse, aber über den tatsächlichen Einsatz der Kraftwerke entscheiden täglich die Spotmärkte. Ist nun beispielsweise die Einspeisung durch Windkraftanlagen besonders hoch, fällt der Preis des konventionellen Stroms mitunter sogar in den negativen Bereich. Die Energiekonzerne sind in diesem Fall bereit, temporär einen »negativen Strompreis« für den Weiterbetrieb ihrer Kraftwerke zu bezahlen, da sie ansonsten die Kraftwerke vollständig vom Netz nehmen müssten, was bei Atomkraftwerken und Braunkohlekraftwerken aufgrund hoher Anfahrtskosten letztlich noch teurer wäre. Je mehr Energieerzeugungskapazitäten die regenerativen Energien aufbauen, desto schwieriger wird es also auf Dauer für Atom- oder Braunkohleerzeuger, ihre Kraftwerke wie bisher maximal auszulasten. Je mehr erneuerbare Konkurrenz sie erhalten, desto unwirtschaftlicher werden die Großkraftwerke. Konzerne wie RWE oder auch EnBW, die sich in der Werbung gern als Vorreiter erneuerbarer Energien darstellen, sind mit diesen Technologien daher bislang fast ausschließlich im Ausland aktiv. Sie wollen ihren alten gefährlichen oder klimaschädlichen Großkraftwerken zu Hause nicht selbst Konkurrenz machen.

Das erklärt jedoch nicht zwangsläufig, warum auch ihre Hauptabnehmer – die industriellen Großverbraucher – ebenso negativ gegenüber regenerativen Energien eingestellt sind. Ob Aluminiumindustrie oder Zementindustrie, die Vorstände setzen noch immer auf energetische Dinosaurier-Strukturen. Vielleicht sind sie einfach dem alten Glauben verhaftet, dass noch vorhandene fossile oder atomare Brennstoffe verbraucht werden müssen. Der verstorbene SPD-Energiepolitiker und Träger des Alternativen Nobelpreises Hermann Scheer hat diese seit Jahrzehnten verbreitete ideologische Grundhaltung, »globale Pyromanie« genannt.[13] Energiekonzerne haben zu lange in Form von Oligopolen agiert, was ihrer Unternehmensphilosophie geschadet hat: Statt marktgerecht nach neuen Wegen der Wertschöpfung zu suchen, beharren sie auf alten Strukturen – ähnlich wie die Staatsunternehmen des untergegangenen sowjetischen Imperiums. Dieses Phänomen scheint nicht nur Deutschland zu betreffen: So hat die Tokyo Electric Power Company (Tepco) eine Studie zur Energieversorgung und ihre Kostenrelationen in Auftrag gegeben. Ihr zufolge gibt Japan riesige Summen für den Import von Öl, Kohle und Uran aus; für dieses Geld hätte Japan schon längst seinen gesamten Energiebedarf aus erneuerbaren Energien decken und sogar noch Strom exportieren können. Dem Tepco-Management passte dieses Ergebnis nicht, also verheimlichte man die Studie.[14]

Gehen wir also der Frage nach, ob die Atomenergieerzeugung in Deutschland tatsächlich billiger oder nur »gefühlt«

billiger ist. Größter Abnehmer für den Strom sind der Bergbau und das verarbeitende Gewerbe mit 45,9 Prozent, gefolgt von den privaten Haushalten mit 26,6 Prozent, dem Handel (14,1), den öffentlichen Einrichtungen (8,7) und dem Verkehr (3,1).[15] Die Industrie hat also selbstverständlich ein privilegiertes Interesse an einer sicheren und nicht überbordend teuren Stromversorgung. Dem hat der Staat bislang Rechnung getragen, indem er zum Beispiel energieintensive Unternehmen beim CO_2-Emmissionshandel sowie den Anteilen für die Einspeisevergütungen für regenerative Energien gesondert entlastete. So zahlen energieintensive Industriebetriebe bei ihrem Strom nur eine Umlage von 0,05 Cent pro Kilowattstunde statt 3,5 Cent für die Einspeisevergütung erneuerbarer Energien. Eine Aluminiumhütte zum Beispiel verbraucht 2 bis 3 Terawattstunden Strom (2 bis 3 Milliarden Kilowattstunden), das heißt selbst eine Umlage von 0,05 Cent machen noch Kosten im Millionenbereich aus. Grund genug, für die Aluminiumindustrie, deren Kosten zu 40 Prozent aus Energiekosten bestehen, gegen die Einspeisevergütung für erneuerbare Energien zu kämpfen.

An der Strombörse spielen die Atomkraftwerke keine Rolle

Der Strompreis ist allerdings alles andere als ein reiner Erzeugerpreis. Er ist längst Börsenware. So wurde 2002 die European Energy Exchange AG (EEX) durch Fusion der Strombörsen Frankfurt und Leipzig gegründet. Sie ist Europas führende Energiebörse für den Handel mit Strom, Erdgas, Kohle und CO_2-Emissionsrechten.[16] Energieversorger kaufen hier langfristig Strom ein oder spekulieren mit kurzfristigen Geschäften auf dem EPEX Spotmarkt. Auf diesem Markt spielt vieles eine Rolle, nur gerade nicht die Frage, ob der Strom mit Atomreaktoren produziert wurde. Professor Uwe Leprich, Energiewirtschaftsexperte von der Hochschule für Technik und Wirtschaft, hält die Warnung vor drastisch höheren Strompreisen für ein Lobbyargument der Atomwirtschaft: »Der Strompreis entsteht an den Strombörsen, und dort richtet man sich an den sogenannten Grenzkosten aus: Das Kraftwerk mit den höchsten Brennstoffkosten setzt den Preis und das sind in Deutschland die Gas- oder die Kohlekraftwerke. Und wenn Atomkraftwerke betriebswirtschaftlich noch so billig produzieren, haben sie mit dem Strompreis an der Börse nichts zu tun.«

Plastisch vor Augen geführt wurde uns dieser Effekt nach der von Fukushima ausgelösten Ausstiegsdebatte. Dass jetzt sogar eine schwarz-gelbe Bundesregierung einen schnelleren Ausstieg diskutiert, hat auf der Leipziger Strombörse EEX nur marginale Auswirkung gehabt: Vor dem Super-GAU von Fukushima lag der Preis des für das Jahr 2012 gehandelten Stroms an der EEX bei 5,3 Cent je Kilowattstunde, seit den politischen Willensbekundungen zum schnelleren Ausstieg wird er mit 5,9 Cent gehandelt und für 2013 und 2014 mit 6 Cent. Dieser Anstieg ist angesichts der üblichen Schwankungen der letzten Jahre zwischen 5 und 9 Cent also jedenfalls keine Panikreaktion der Börse.[17]

Die Lobbyisten der Atomkonzerne beirrt das nicht. Sie versichern unaufhörlich, billigen Strom zu produzieren. Dabei behaupten sie, die erneuerbaren Energien trieben die Strompreise in die Höhe. Auch diese Behauptung ist falsch. So hat das Umweltbundesamt nachgerechnet, welche Faktoren sich auf den Strompreis auswirken und welche Rolle die erneuerbaren Energien dabei spielen: »In den Jahren 2000 bis 2009 gab es einen deutlichen Anstieg der Stromkosten. Ein durchschnittlicher 3- Personen-Haushalt zahlte im Jahr 2009 pro Monat 27 Euro mehr als noch vor zehn Jahren. Die EEG-Umlage hatte an den Preissteigerungen mit einer Zunahme von 3,25 Euro nur einen sehr geringen Anteil. Preistreibend wirkten hauptsächlich die Kosten für Stromerzeugung, Transport und Vertrieb sowie die Erhöhung der Umsatzsteuer im Jahr 2006.«[18]

Das Bundeswirtschaftsministerium hält die eigene Studie geheim

Im Jahr 2010 bereiteten sich die Verbände der großen Energieerzeuger medial auf die ersehnte Laufzeitverlängerung der deutschen Atomkraftwerke vor. In seiner beispiellosen Anzeigenkampagne bediente der BDI wieder einmal das Szenario des Niedergangs der Industrienation Deutschland und unseres Wohlstands für den Fall, dass die Atomkraftwerke keine Laufzeitverlängerung erhalten würden: »Knapp ein Drittel unseres Wohlstands und über 90 Prozent unserer Exporte werden von der Industrie erwirtschaftet. Aber nur unter gleichen Rahmenbedingungen, also ohne einseitige Belastungen, können unsere Unternehmen diese Position wahren. Das gilt vor allem für die energieintensive Industrie. Eine sichere, saubere und vor allem bezahlbare Energieversorgung ist deshalb für Deutschland unerlässlich. Erneuerbare Energien – insbesondere die Sonnenenergie – verursachen aber auf lange Sicht noch erhebliche Mehrkosten, in diesem Jahr allein 8 Milliarden Euro. Damit die Preise für alle bezahlbar bleiben, können wir bis auf weiteres nicht auf kostengünstige Kohle und Kernenergie verzichten.«

Selbstverständlich beschäftigen die energieintensiven Unternehmen der Aluminium-, Stahl- oder Zementbranche gut 200 000 Menschen. Aber stimmt die These, dass ausgerechnet das »Vorranggesetz für erneuerbare Energien« Tausende dieser Arbeitsplätze bedroht? Das Bundeswirtschaftsministerium unter Rainer Brüderle wollte diese Argumente mit harten Zahlen unterlegen, um die Laufzeitverlängerung für Atomkraftwerke zu begründen. Dazu beauftragte das Ministerium die Consulting-Büros Consentec und R2B Energy Consulting. Sie sollten mehrere Szenarien für den Ausbau erneuerbarer Energien und vor allem die Folgen für die Strompreise durchrechnen. Dabei legten sie ein Szenario für den Ausbau der erneuerbaren Energien auf 25 Prozent bzw. 50 Prozent bis 2020 zugrunde. Folgte man den bisherigen Behauptungen von Industrie und schwarz-gelber Bundesregierung, hätte solch ein rasanter Ausbau erneuerbarer Energien das sichere Aus für die heimische energieintensive Industrie bedeuten müssen. Allein das Gegenteil ist der Fall, wie die Studie überraschend feststellt. Denn während die Stromverbrauchspreise für private Haushalte nach diesen Szenarien ansteigen, lägen die Dinge bei der Industrie anders:

»Die Endverbraucherpreise für Haushalte im Jahre 2020 steigen mit höheren EE-Anteilen. Für die Industrie ergibt sich ein gemischtes Bild, da die Industriekunden mit einer reduzierten EEG-Umlage von der Reduktion der Großhandelspreise profitieren, die steigende EEG-Umlage aber nicht mittragen. Die Großhandelspreise sinken im Jahr 2020 mit höheren EEG-Anteilen deutlich von 84,90 Euro [im Vergleich zu 2009] je MWh für Grundlaststrom in der 25-Prozent-Variante auf 48,1 Euro je MWh in der 50-Prozent-Variante.«[19]

Die energieintensiven Unternehmen profitieren also sogar vom Ausbau regenerativer Energien, weil sie von deren Belastungen nach dem Energieeinspeisegesetz nicht adäquat mitbelastet werden. Die Studie wartete mit einem Ergebnis auf, das den Verfechtern der Laufzeitverlängerung im Bundeswirtschaftsministerium nicht gefallen haben dürfte. Wäre sie nach ihrem Erscheinen am 30. Juni 2010 publik geworden, hätte die Bundesregierung kaum mit der Sicherung billigen Stroms die Verlängerung von Atomkraftwerkslaufzeiten begründen können. Wenige Monate vor den wichtigen parlamentarischen Auseinandersetzungen zur Laufzeitverlängerung wäre die Studie ein harter Schlag für die Atomlobby gewesen. Also ließ das Bundeswirtschaftsministerium unter Rainer Brüderle sie lieber unveröffentlicht. Erst im April 2011 drang sie an die Öffentlichkeit.

Rainer Baake, Bundesgeschäftsführer der Deutschen Umwelthilfe und ehemaliger grüner Staatssekretär im Bundesumweltministerium, wundert sich nicht über diese Geheimhaltung seitens des Ministeriums. Ihn wundert vielmehr, dass die Industrie selbst nicht längst die Strompreisentwicklung beim Ausbau erneuerbarer Energien durchgerechnet hat. »Ihre Argumente und sogar verdeckte Lobbyaktionen kann ich mir nur mit energiewirtschaftlicher Unkenntnis der Fakten erklären«, sagt Baake.

Die Bürger handeln schon heute und klüger

Während die Industrie also noch immer auf falscher Faktenbasis gegen die Energiewende kämpft, erahnen viele Menschen in Deutschland, dass ihnen die Energiewende etwas höhere Stromkosten bescheren wird. Denn für eine Energiewende, die nach dem Jahr 2020 auf einen Ausbau weit über 50 Prozent regenerativer Energien hinausgeht, braucht es Milliardeninvestitionen in neue Netze und Energiespeichersysteme. Wegen des oben beschriebenen Privilegierungseffekts für industrielle Großabnehmer werden Privatverbraucher bei einem Ausbau erneuerbarer Energien auf 30 Prozent von 2010 bis 2020 rund 15 Prozent mehr für ihren Strom bezahlen müssen.[20] Bei 50 Prozent Anteil der regenerativen Energien kommen sogar zusätzliche Kosten von 20 Milliarden Euro auf alle privaten Verbraucher zu – jedenfalls, wenn es bei den gültigen Gesetzen bliebe. Für die 100-prozentige Energiewende hat ein Forschungsverbund von mehreren energiewirtschaftlichen Instituten im Auftrag der Bundesregierung ein Szenario entworfen:[21] Danach kann es bis 2050 gelingen, die Energieversorgung für Strom, Wärme und Verkehr vollständig auf erneuerbare Energien umzustellen.

Aber was kostet uns Verbraucher und die Industrie das? Die Wissenschaftler nennen diese Summe »Differenzkosten«. Gemeint ist die Summe, die bei einer Entwicklung hin zur hundertprozentigen Energiewende anfällt – zunächst als Kosten und später als Nutzen. Im Jahr 2010 betrugen diese Kosten etwa 7,5 Milliarden Euro. Durch Investitionen in Netze und Speicher werden sie jährlich weitersteigen – auf 13,6 Milliarden im Jahr 2016. Da dann bereits erste Spareffekte – etwa durch die hochrentable Windkrafterzeugung – eintreten, fallen nun die zusätzlichen Kosten auf etwa 10,7 Milliarden Euro im Jahr 2020. Irgendwann zwischen 2020 und 2030 wird dann der Break-even-Point erreicht, der Augenblick, in dem die Energiewende unter dem Strich Geld spart, und zwar viel Geld: »Insgesamt werden im Zeitraum 2010 bis 2050 durch die Nutzung erneuerbarer Energien zur Stromerzeugung Kosten in Höhe von 567 Milliarden Euro eingespart.«

Dafür muss unsere Volkswirtschaft zunächst bereit sein, vorübergehend höhere Kosten zu tragen, wie gesagt auf dem Höhepunkt 2016 etwa 13,6 Milliarden Euro. Aber was sind schon 13,6 Milliarden Euro für die Tatsache, dass wir es dann mit einer sicheren, sauberen und zuverlässigen ökologischen Stromversorgung und mit einer gigantischen Wertschöpfung auf dem Gebiet des Maschinenbaus und Ingenieurwesens zu tun hätten. Schon heute bieten die erneuerbaren Energien 370 000 Menschen Arbeit.[22] Deutschland könnte stolz sein, ökologischer Exportweltmeister zu sein, wenn andere Nationen in einigen Jahren erst aus ihrem nuklearen Dämmerschlaf erwachen. Und nur nebenbei: Was sind diese vorübergehenden Milliardenkosten gegenüber den Hunderten Milliarden, die unser Staat an Risiken gegenüber einem Bankensystem übernimmt, das durch High-Speed-Spekulationen bereits auf dem Weg zum nächsten Crash ist?

13 Euro im Monat für den persönlichen Atomausstieg

Während die Industrielobby ihr Schicksal steigender Energiepreise fälschlicherweise beklagt, tragen immer mehr Bürger ihrer Verantwortung für eine sichere und umweltfreundlichere Energieerzeugung Rechnung. So beziehen bald eine Million Haushalte in Deutschland Ökostrom.[23] Die meisten Anbieter bieten allerdings auch konventionellen Strom an und sind im strengen Sinne keine Ökostromanbieter. Der Energiewirtschaftsexperte Uwe Leprich kritisiert im Übrigen, dass viele Anbieter den tatsächlich vorhandenen Ökostrom nur umetikettieren. Gäbe es die Anbieterfirma nicht, würde der Strom trotzdem erzeugt. Sehen wir uns also Anbieter an,

die den Strom aus eigenen neu gebauten regenerativen Kraftwerken verkaufen, um herauszufinden, was der Preis für den
persönlichen Atomausstieg ist. Ein Drei-Personen-Haushalt
mit einem durchschnittlichen Jahresverbrauch von 3500 Kilowattstunden bezahlt laut Verivox-Preisrechner[24] bei dem
Anbieter mit dem vielversprechenden Namen »energy GUT
(*Hallo*Spar!)« 818,99 Euro im Jahr. Wer auch immer hinter
diesem Stromverkäufer steckt, stammen laut Verivox 49 Prozent aus fossilen Energien, 27 Prozent aus einem Ökomix und
24 Prozent aus Atomstrom. Es ist dieser Tabelle zufolge der
Anbieter mit dem höchsten Atomstromanteil. Zu den wenigen Anbietern, die selbst regenerative Kraftwerke bauen, gehört die Genossenschaft Greenpeace Energy. Unser Drei-Personen-Haushalt mit gleichem Jahresverbrauch zahlt hier im
Jahr 974,80 Euro. Der persönliche Ausstieg aus der Atomenergie kostet einen Drei-Personen-Haushalt also gegenwärtig
155 Euro 81 im Jahr, im Monat also rund 13 Euro.

Nach einer Forsa-Umfrage vom März 2011 – kurz nach
Beginn der Fukushima-Katastrophe – wären 49 Prozent der
Deutschen sogar bereit, das Doppelte für ihren Strom zu zah-
len, wenn dieser atomenergiefrei wäre.[25]

Milliardensubventionen für
Aus- und Abbau der Atomkraft

Doch so aufschlussreich solche Rechnungen sind, so kurz
greifen sie auch. Denn niemals sollten wir die Milliarden an
Steuergeldern vergessen, die Bundesrepublik und DDR seit
Beginn der sogenannten friedlichen Nutzung der Kernenergie für diese Technologie ausgegeben haben.

Im Jahr 1999 hatte ich Gelegenheit, das ehemalige DDR-

Atomkraftwerk im idyllischen Ort Rheinsberg zu besuchen. Es war das erste deutsche Atomkraftwerk und hatte seit 1966 Strom produziert bis es 1990 stillgelegt wurde. Während das Gelände des Kraftwerks mitten im Wald am Großen Stechlinsee langsam zuwucherte, begannen die Ingenieure mit der Planung für die Demontage. Fünf Jahre später wurde mit dem »Rückbau« begonnen. 1998 standen die Politiker, Betreiber und Ingenieure vor einem neuen desaströsen Problem, das nur einen kleinen Ausblick auf die Zukunft der deutschen Atomkraftwerksstandorte bietet.[26] Das Atomkraftwerk, so hatten die Techniker errechnet, besteht aus 3800 Tonnen strahlendem Schrott. 240 abgebrannte Brennelemente waren bereits in brandneue Castor-Behälter verladen worden und sollten ursprünglich abtransportiert werden. Nachdem damals bei Castor-Transporten radioaktive Verseuchungen entdeckt worden waren, war der Skandal perfekt. Er hätte beinahe der jungen Bundesumweltministerin Angela Merkel ihren ersten politischen Job gekostet, denn Merkel hatte zuvor rigide dafür gesorgt, dass Castor-Transporte auch mit Polizeigewalt durchzusetzen sind. Nun kam heraus, dass dabei nicht nur Demonstranten, sondern auch die begleitenden Polizisten radioaktiver Gefahr ausgesetzt waren. Es war sozusagen Angela Merkels erster politischer Super-GAU, der sie allerdings nicht hinderte, der Atomindustrie weiterhin ihr Vertrauen zu schenken.

Leider gab es auch für die vier Castoren des Typs 440 damals schlechte Nachrichten. Denn der Kernenergiebeirat des Landes Mecklenburg-Vorpommern hatte ein Gutachten über die Sicherheit in Auftrag gegeben und unter Verschluss gehalten, weil das Ergebnis der Politik nicht passte. Da die Atomindustrie keine eigenen Tests für die »Ost-Castoren« vorlegen konnte, hatte sie auf frühere Tests mit Endlager-Castoren zurückgegriffen, die völlig anders konstruiert waren. Ich fragte damals den Gutachter direkt. Professor Elmar Schlich, ein Materialforscher aus Gießen, hatte selbst in den 70er Jahren für die Hanauer Brennelementefirma Nukem Transportbehälter hergestellt. Ihm wurde allerdings verboten, mir zu dem Gutachten direkt Fragen zu beantworten. In seinem Gutachten kam er zu dem Ergebnis, dass die sogenannten »Ost-Castoren« gegen die Vorschriften der Internationalen Atomenergiebehörde IAEO verstießen, weil es zum Zeitpunkt ihrer Zulassung »kein anerkanntes Berechnungsverfahren zur Übertragbarkeit älterer Experimente gegeben« habe.

Sämtliche Behörden quälten sich nun um die Wahrheit herum. Ein Vertreter des Brandenburger Umweltministeriums sagte auf meine Frage, ob er seine Hand für die Castoren ins Feuer lege: »Die Hand kann man nie ins Feuer legen, nach den gegenwärtigen Erkenntnissen gehen wir davon aus, dass der Castor sicher ist.« Während das Gelände um das 1990 stillgelegte Atomkraftwerk langsam zuwucherte, war der Rückbau des Gebäudes zunächst blockiert – erst mussten die Castoren abtransportiert werden. Der Kraftwerksleiter Wolfgang Fiß klang verzweifelt. Für den Fall, dass die Castoren nicht ins Zwischenlager Lubmin transportiert werden dürften, »sind wir in einer echten Sackgasse«. Für die nächsten Jahre blieb das Kraftwerk in der Touristenstadt Rheinsberg eine strahlende Ruine.

Erst 2007 wurde der 130 Tonnen schwere Reaktordruckbehälter mit großem Aufwand abtransportiert. Das Reaktorgebäude ist stark mit dem radioaktiven Kobalt-60 versucht. Erst in 50 Jahren wird der Stahl wiederverwertet werden können. [27] Der Rückbau dieses im Vergleich kleinen Atomkraftwerks soll nach heutigem Stand insgesamt etwa 400 Millionen Euro kosten.[28] Und so summieren sich allein für die

Hinterlassenschaft der DDR-Atomindustrie durch Rückbau von drei Reaktoren, der Sanierung des Uranbergbaus und der Lagerung der radioaktiven Abfälle in Morsleben die Kosten für den Steuerzahler auf rund 10,5 Milliarden, werden aber selbst von kritischen Studien wie von Greenpeace in der Gesamtsumme der Atomsubventionen nicht mitberücksichtigt, weil sie nichts mit dem Betrieb westdeutscher Atomkraftwerke zu tun haben.[29] Die Zahl lässt allerdings ahnen, welche enormen finanziellen Risiken gerade angesichts einer ungeklärten Abfallfrage und einer weit größeren Nuklearindustrie im Westen Deutschlands auf uns zukommen können. Denn schon heute fließen, anders als von der Atomlobby behauptet, Steuergelder in die sogenannte Entsorgung radioaktiver Abfälle. Allein für die Versuchsendlagerstätte Asse gab der Bund bereits 467 Millionen Euro aus.[30] Asse hat sich übrigens wegen starker Wassereinbrüche als ungeeignet herausgestellt. Er droht von Wassereinbrüchen überflutet zu werden. Dabei sollte der Salzstock Millionen Jahre halten. 120 000 Fässer schwach- und mittelradioaktiven Abfalls lagern hier und drohen, das Grundwasser radioaktiv zu verseuchen.[31] Für die Sanierung plant der Bund bislang 850 Millionen Euro ein.[32] Aber auch normale Rückbauten der nuklearen Forschungsanlagen verschlingen Unsummen an Steuergeldern: die Wiederaufarbeitungsanlage und Reaktoren am Kernforschungszentrum Karlsruhe 1,8 Milliarden Euro, 261 Millionen, beim Kernforschungszentrum Jülich 317 Millionen, um nur einige Beispiele zu nennen.[33]

Lange Zeit gehörte die Atomenergie zur Staatsräson auch in Deutschland. Im Atomgesetz stand, dass es Aufgabe des Staates sei, die Kernenergie zu fördern. Trotzdem bestreiten sowohl die Kernkraftbetreiber als auch ihnen wohlgesonnene Regierungen noch immer, dass die Energieerzeugung durch Atomkraftwerke nennenswert staatlich subventioniert werde. Das Deutsche Atomforum behauptet: »Die Bundesregierung betreibt nukleare Energieforschung, subventioniert aber nicht die Nutzung der Kernenergie. Das bedeutet, dass die Kernkraftwerke, die heute Strom erzeugen, zu keiner Zeit durch staatliche Fördermaßnahmen unterstützt wurden – weder im Betrieb, dem Abriss noch bei der Abfallentsorgung.«[34]

Wenn man das Wort Subvention so auslegte, dass ein Finanzminister direkt Geld aus dem Haushalt auf die Konten von Atomkonzernen zahlt, hätten die Lobbyisten sogar Recht. Aber selbstverständlich liegen die Dinge komplizierter, und das sollen sie auch, um die Öffentlichkeit im Unklaren über die wahren Kosten zu lassen. Denn die staatlich finanzierten Kernforschungszentren kommen vor allem der Atomindustrie zugute. Und natürlich ist die Erkundung eines Endlagers geradezu überlebenswichtig für diese Branche, die noch immer keine Lösung für hochradioaktive Abfälle vorzuweisen hat. Trotzdem hält der Lobbyverband Deutsches Atomforum an seinen Behauptungen fest: »Nach Aussage der Bundesregierung betragen die staatlichen Aufwendungen für Forschung und Entwicklung im Bereich Kernenergie für den Zeitraum von 1956 bis 2008 ca. 16,8 Milliarden Euro.«[35] Vielleicht sollten die Lobbyisten bei der Bundesregierung selbst anfragen, bevor sie diese Zahlen weiterverbreiten. Denn im Auftrag des Bundesumweltministeriums errechnete das Deutsche Institut für Wirtschaftsforschung bereits im Jahr 2007 die Ausgaben der Bundesrepublik für die nukleare Energieforschung: Bislang gab allein der Bund dafür 40 Milliarden Euro aus[36] – und nicht, wie vom Deutschen Atomforum noch heutzutage behauptet, 16,8 Milliarden Euro.

203 Milliarden Euro
Subventionen für die Atomenergie

Herauszufinden, mit wie viel staatlichem Geld die angeblich billige Atomenergie in Deutschland gefördert wurde, ist eine sehr komplexe Angelegenheit. Denn auch die Bundesländer haben für ihre nuklearen Standorte viel Geld ausgegeben. Besonders in den ersten Jahrzehnten der Nutzung der Atomenergie zahlten die Bundesländer rund 5 Milliarden Euro – aus Steuermitteln. Darunter sind auch die Ruinen einer gescheiterten Nuklearpolitik.[37] Allein in den sogenannten Hochtemperaturreaktor im westfälischen Hamm-Uentrop flossen mindestens 1,68 Milliarden Euro aus Bundes- und Landesmitteln. Der Reaktor sollte der kommerzielle Prototyp einer neuen Reaktorgeneration werden, hatte aber zwischen 1983 und 1989 nur an 423 Tagen Strom geliefert. Frühestens 2027 kann die strahlende Ruine abgerissen werden. Der sogenannte Schnelle Brüter in Kalkar ging glücklicherweise zwar nie ans Netz, wurde aber gebaut und betriebsbereit gehalten. Die Bundesregierung hatte in diese größte nukleare Investitionsruine mindestens rund 2,18 Milliarden Euro gesteckt. 1989 gesellte sich dem nuklearen Großfriedhof noch die unfertige Wiederaufarbeitungsanlage im bayerischen Wackersdorf hinzu. Dort hatten Bund, Land und Energiewirtschaft sogar einen Fonds für den Rückbau gegründet. Der umfasste 1,8 Milliarden DM. Doch bereits 1995 war er aufgebraucht, so dass vertraglich nun die Bundesregierung und das Land für weitere Kosten aufkommen müssen.[38]

Im Auftrag von Greenpeace machten sich die Wirtschaftswissenschaftlerinnen Bettina Meyer und Swantje Küchler vom Forum Ökologisch-Soziale Steuerreform (FÖS) an eine umfangreiche Studie über den nuklearen Subventionssumpf.[39] Überrascht stellten sie fest, dass sie in den vielen offiziellen Subventionsberichten der Bundesregierungen nicht fündig wurden – mit einer Ausnahme: Allein die Kosten für notleidende Bauern nach dem Reaktorunglück von Tschernobyl werden offiziell als »Atomsubventionen« eingestanden – immerhin 200 Millionen Euro.[40] Insgesamt kostete die Bürger die Nuklearpolitik bis 2010 rund 203 Milliarden Euro – die sie mit ihren Steuern oder überhöhten Strompreisen teuer bezahlt haben. Die Milliardeneffekte der schwarzgelben Laufzeitverlängerung waren noch nicht eingerechnet.

Seit langem kritisieren Umweltverbände eine weitere Möglichkeit von Atomkonzernen, Profite auf Kosten öffentlicher Haushalte zu generieren. Es geht um gigantische Rückstellungen für den späteren Rückbau und die »Entsorgung«, die sie alljährlich in ihre Bilanzen einstellen. Sie liegen seit Jahren bei etwa 25 Milliarden Euro und sind auch deshalb umstritten, weil sie eine Luftbuchung auf eine noch nicht geklärte »Entsorgung« der hochradioaktiven Abfälle darstellen. Die Konzerne können die Rückstellungen in Wertpapieren anlegen und sich auf diese Weise Zinsgewinne verschaffen. Dass dieser Vorteil existiert, hatte bereits 2007 das Deutsche Institut für Wirtschaftsforschung in einer Studie im Auftrag des Bundesumweltministeriums festgestellt. In einer Abschätzung sprachen die Autoren davon, dass die vier großen Atomkonzerne gemeinsam jährlich einen Vorteil von 175 Millionen Euro pro Jahr aus der Rückstellungspraxis ziehen.[41] Geld, das dem öffentlichen Haushalt entgeht. Kritiker dieser Praxis fordern zu Recht, stattdessen einen staatlichen Fonds zu gründen, der das Geld der Konzerne für Abriss und Entsorgung verwalten sollte. Die Konzerne verlören dann ihre Möglichkeit, Zinsgewinne mitzunehmen, indem sie das zurückgelegte Geld in Form von Wertpapieren und anderen Investments anlegen würden. Um wie viel Geld es dabei geht, haben die Autoren der FÖS-Studie für Greenpeace errechnet: »Bei durchschnittlich 7,8 Prozent eingesparten Fremdkapitalzinsen beträgt der kumulierte wirtschaftliche Vorteil aus den Entsorgungsrückstellungen bis 2010 nominal 51,4 Milliarden Euro; in Preisen 2010 sind dies 65,5 Milliarden Euro.«[42] Im April 2011 veröffentlichte das FÖS eine neue Studie im Auftrag der Stromerzeugergenossenschaft Greenpeace Energy.[43] Darin rechneten die Experten aus, wie hoch der Strompreis für unterschiedliche Erzeugungsarten tatsächlich wäre, wenn man die Milliardensubventionen des Staates seit 1970 und andere externe Kosten mit einrechnet: Atomstrom wäre in Wirklichkeit fast doppelt so teuer wie der Strom aus Wasserkraft und fast zwei Drittel teurer als Windkraftstrom. Angesichts dieser Zahlen dürfte die Lüge von der billigen Atomenergie wohl offenbar sein. Doch selbst nach dem Super-GAU von Fukushima versuchen die Lobbyisten der Atomkonzerne, mit falschen Argumenten, die kritisch eingestellte Öffentlichkeit zu manipulieren. Und wie sollte das besser gelingen als durch die Verbreitung von Angst.

Es ist der elfte Tag nach der Katastrophe: Während Angela Merkel mit Verantwortlichen der Atomkonzerne verhandelt, verbreitet die Zeitung *Die Welt* einen ganzseitigen Bericht, der Angst machen soll – nicht vor dem GAU, sondern vor der Dunkelheit: »Im Mai sind fast alle Atommeiler abgeschaltet – Zusammenbruch des Stromnetzes droht.«[44] Bei ihrem schnellen Beschluss einer dreimonatigen Stilllegung älterer Reaktoren habe die Bundesregierung nicht darauf geachtet, dass in diesen drei Monaten ohnehin weitere fünf Reaktoren für eine Revision abgeschaltet seien – also insgesamt nur noch vier Meiler am Netz bleiben. »Bei einem so massiven Ausfall gesicherter Erzeugungsleistung kann es in verbrauchsstarken Zeiten eng werden«, wird nicht etwa ein unabhängiger Experte zitiert, sondern der Geschäftsführer des Deutschen Atomforums, Dieter Marx. Der Bericht zeichnet das Horrorszenario, ein Netzzusammenbruch könne zu Blackouts führen, »die sich schlimmstenfalls auch kaskadenartig über ganz Europa ausbreiten«.

Glaubt man diesen Aussagen, riskierte Angela Merkel nicht nur das Funktionieren des Industriestandorts, sondern obendrein unseren guten Ruf in Europa. Die Aussage in der *Welt* bot zugleich den Auftakt zu einer Kampagne gegen das Moratorium und eine endgültige Stilllegung veralteter Atommeiler in Deutschland. »Atomausstieg – Deutschland auf den Blackout nicht vorbereitet«, warnt *bild.de.*[45] »Deutschland für Blackout schlecht gerüstet«, verbreitet *Focus* eine dpa-Meldung über ein Papier, das die *taz* öffentlich gemacht hat.[46]

Den Atommanagern kommen diese Meldungen zupass. Aber ist die Versorgungssicherheit durch die Abschaltung alter Atommeiler tatsächlich bedroht? Zwar gibt es das seit Jahrzehnten bekannte und übrigens von der Stromwirtschaft auch gern hingenommene Problem, dass Strom aus dem windreichen Norden Deutschlands nicht adäquat in den Süden gebracht werden kann. So ist zu erklären, dass zu bestimmten Zeiten schon immer Strom aus dem Ausland zugekauft werden musste. Öffentlichkeitswirksam warnt nun die Atomlobby davor, angesichts der Abschaltung deutscher Reaktoren, müsse Strom aus vermeintlich unsichereren Atomkraftwerken in Tschechien oder Frankreich eingekauft werden. An dieser Aussage ist allenfalls wahr, dass deutsche Abnehmer schon lange Strom auch aus tschechischen und französischen Atomkraftwerken kaufen. Denn seit einem Jahrzehnt herrscht ein liberalisierter Strommarkt. So hat einer der größten Industriestromabnehmer, der Daimler Konzern, erst im Februar 2011 seine Stromverträge mit dem baden-württembergischen Atomkonzern EnBW gekündigt und kauft nun von einem saarländisch-luxemburgischen Konsortium mit hohem Atomstromanteil.[47]

Selbst wenn alle deutschen Atomkraftwerke am Netz bleiben dürften, gäbe es überhaupt keine Garantie, dass Stromabnehmer in Deutschland nicht trotzdem tschechischen oder französischen Strom einkaufen. Die Propagandisten der Atomlobby tun trotzdem so, als wenn Deutschland eine einsame Insel ohne energetische Verbindung zur Außenwelt sei. Hierzu einige Fakten aus den Statistiken der AG Energiebilanzen (AGEB), zu deren Mitgliedern die Lobbyverbände der Stromwirtschaft selbst zählen, neben dem Deutschen Institut für Wirtschaftsforschung, dem Energiewirtschaftlichen Institut der Universität Köln und dem Rheinisch-Westfälischen Institut für Wirtschaftsforschung. Atomkraftwerke hatten nach der AGEB-Statistik im Jahr 2010 einen Anteil von 22,6 Prozent an der Stromerzeugung. Sie produzierten 140,5 Milliarden Kilowattstunden (KWh) Strom. Deutschland importierte 42 Milliarden KWh Strom und exportierte 59 Milliarden, also 17 Milliarden KWh mehr. Deutschlands Stromexporte machen also immerhin fast 45 Prozent der Erzeugung aller Atomkraftwerke aus.

Neun Atomkraftwerke können sofort vom Netz

Im Umweltbundesamt haben Experten sofort nach Fukushima nachgerechnet und sind der Frage nachgegangen, ob die acht heruntergefahrenen Atomreaktoren wieder ans Netz müssen, um die Versorgungssicherheit zu gewährleisten. Dabei haben sie auch die Grundlastproblematik berücksichtigt. Ihr Ergebnis ist für Kenner des Strommarktes nicht überraschend: Es können sogar neun Altmeiler ausgeschaltet bleiben. Die Experten sahen sich die Zeiten mit dem höchsten Energieverbrauch an – die strengen Winter 2002 und 2010 – und stellten einen Spitzenbedarf von 80 Gigawatt fest. Selbst, wenn acht Atommeiler jetzt dauerhaft vom Netz gingen, so das Umweltbundesamt, bliebe eine Kapazität von 90,5 Gigawatt Leistung erhalten.[48] Der Präsident des Umweltbundesamts, Jochen Flasbarth, geht sogar noch weiter: Ein weiteres Altkraftwerk könne ebenfalls vom Netz gehen: »Dies ist ohne Einschränkungen der Versorgungssicherheit und ohne zusätzliche Stromimporte möglich.«[49] Ein kompletter Ausstieg aus der Atomenergie sei in sechs Jahren, also bis 2017 möglich.

Gegen die These, dass ein schneller Ausstieg unsere Versorgungssicherheit gefährdet, spricht auch der jüngste Jahresbericht 2010 der AG Energiebilanz:[50] So stieg nach dem Krisenjahr 2009 der Bruttostromverbrauch in Deutschland um 4,3 Prozent; die Bruttostromerzeugung stieg sogar stärker um 4,7 Prozent. Den größten Anteil an dieser Steigerung nahm allerdings nicht die Atomkraft, sondern die Erzeugung durch erneuerbare Energieträger ein mit 7,8 Prozent, gefolgt von der Steinkohle mit 7,5 Prozent und Erdgas mit 7,2 Prozent. Atomkraftwerke produzierten 4,2 Prozent mehr Strom als im Vorjahr. Solche Daten sagen nicht mehr und nicht weniger aus, als dass die von der Lobby behauptete Abhängigkeit vom Atomstrom gar nicht so groß sein kann, sonst würde sie bei steigender Nachfrage auch entsprechend verstärkt nachgefragt. Insbesondere das atomfreundliche Bundeswirtschaftsministerium müsste den Lobby-Argumenten entgegentreten. Denn in seinem eigenen aktuellen Monitoring-Bericht zur Versorgungssicherheit vom Januar 2011, führen die Experten auf, dass gegenwärtig insgesamt Kraftwerke über 26 000 Megawatt im Bau seien. Sie gehen davon aus, dass bereits bis 2015 davon mindestens 15 000 Megawatt zusätzlich dem Netz zur Verfügung stehen.[51] Zum Vergleich: Alle sieben im Moratorium heruntergefahrenen Reaktoren und das Atomkraftwerk Krümmel bringen zusammen nur eine Leistung von 8800 Megawatt. Von einer Lücke durch die abgestellten Atomkraftwerke kann also niemand ernsthaft sprechen. Die Energiewirtschaftsexpertin im Deutschen Institut für Wirtschaftsforschung, Professor Claudia Kemfert, sieht für einen raschen Ausstieg keine Versorgungsprobleme: »Der rot-grüne Atomausstieg ist nach wie vor möglich, das heißt das sukzessive Abschalten von Atomanlagen bis zum Jahr 2021.« Der jetzige Anteil von 23 Prozent Atomstrom könne bis 2020 auf null gefahren werden, während sich der Anteil erneuerbarer Energien auf 35 Prozent erhöhen würde, so Kemferts vorsichtige Schätzung. Für eine Übergangszeit blieben danach noch etwa 65 Prozent der Energieversorgung, die vorerst fossiler Natur sein wird. Kemfert weist darauf hin, dass in den kommenden zehn Jahren altersbedingt etwa die Hälfte der Kohlekraftwerke vom Netz gehen müssen. Diese sollten ihrer Ansicht nach größtenteils durch Gaskraftwerke ersetzt werden. Zwar liegt der Nachteil wegen der Ölpreisbindung bei den schlecht abwägbaren Rohstoffkosten. Andererseits sind Gaskraftwerke auf dem Weg in ein neues Energiezeitalter der ideale Begleiter. Sie lassen sich, im Unterschied zu Braunkohle- oder Atomkraftwerken kurzfristig herunterregeln, wenn der Wind stark bläst und der Strom noch nicht gespeichert werden kann. Die heutige Konkurrenz zwischen Großkraftwerken und erneuerbaren Energien verschwindet mit der Zeit. Die Atomfreunde in Politik und Konzernen scheinen ohnehin auch nach Fukushima auf einem anderen Planeten zu leben, in dem es das Land Japan und eine eng vernetzte Weltwirtschaft gar nicht gibt.

Blackout dank Atomstrom

Die Atomkatastrophe von Fukushima führt uns vor Augen, dass die Welt zusammenrückt. Am 22. März meldeten die Zeitungen, dass das Opel-Werk in Eisenach seine Produktion drosseln musste.[52] Die Stromknappheit in Japan hat dort weite Teile der industriellen Produktion lahmgelegt, darunter auch Zulieferer für Opel. Was die Knappheit von Speicherchips für die deutsche Volkswirtschaft bedeuten wird, ist noch nicht absehbar. Aber selbst in Deutschland haben die Menschen schon zu spüren bekommen, was die Abhängigkeit von nuklearen Großkraftwerken bedeutet. Nach dem Trafobrand im Atomkraftwerk Krümmel 2009 berichtete das *Hamburger Abendblatt:* »Am Anfang waren die Ampeln. An 1500 der 1800 Lichtzeichenanlagen in Hamburg tasteten sich verwirrte Autofahrer am Sonnabend vorsichtig über die Kreuzungen. Dann mussten Industriebetriebe ihre Produktion stoppen, Fahrstühle in Krankenhäusern fuhren nur noch bis zum Notstopp – und schließlich platzten die Wasserrohre. Eine Zehntelsekunde reichte aus, um die Versorgung Hamburgs mit Strom und Wasser ernsthaft zu gefährden. So lange nämlich war nach dem Kurzschluss im Kernkraftwerk Krümmel, 34 Kilometer vom Hamburger Rathaus entfernt, die Stromspannung im Netz abgefallen.«[53]

Wie die Atomlobby das Weltklima einspannt

Seit Fukushima sind die Tage für die Meinungsmacher der Nuklearbranche sicherlich hart. Und beinahe ist es, wie in einem Gespräch zweier Menschen auf der Straße, die sich nicht wirklich etwas zu berichten haben. Sie gehen dem peinlichen Schweigen aus dem Weg, in dem sie über das Wetter sprechen. Für die Atomlobby war das Wetter beziehungsweise das Weltklima lange Zeit das wichtigste Argument ihrer Selbstlegitimation. Denn ein Atomkraftwerk ist ganz für sich genommen keine CO_2-Schleuder. So sah es auch die Bundesumweltministerin Angela Merkel, die die Unterschrift unter das Kyoto-Protokoll einmal als ihren größten Erfolg bezeichnete.[54] Angela Merkel war eine atomgläubige Bundesumweltministerin und vollends der Überzeugung, dass das Klimaproblem mit Hilfe der Atomkraft zu lösen sei. Hierzu findet sich ein bemerkenswerter Dialog in ihrem eigenen Buch mit dem schönen Titel *Der Preis des Überlebens* von 1997 –

eine Dialogsammlung mit Ökonomen, Wirtschaftsführern und Umweltexperten. Der Energieexperte Ernst Ulrich von Weizsäcker wies Merkel in dem Gespräch darauf hin, dass man sich für ein zentrales oder ein dezentrales Energieversorgungssystem entscheiden müsse. Weizsäcker sagte schon damals, was heute Studien belegen, dass die Atomenergie generell den Ausbau erneuerbarer Energien behindert: »Ich selbst bin gar kein ideologischer Kernkraftgegner, aber ich weiß, dass die Kernkraft dort, wo sie – zumal unter dem Deckmantel der CO_2-Minderung – auftritt, eine Behinderung all dessen bedeutet, was ökologisch profitabel und wünschenswert wäre.«[55] Angela Merkel antwortete von Weizsäcker damals: »Ich kann Ihnen darin nicht zustimmen, dass die Kernenergie auf die CO_2-Reduktion nicht angerechnet werden soll. Im Gegenteil, wenn ich aber Ihre Argumentation einmal zugrunde lege, bin ich zum Beispiel aus ähnlichen Gründen der Meinung, dass eine Gleichsetzung von Aufforstung und Energieeinsparung auch nicht in Ordnung ist.«

Merkels Argumentation verlangt mir, gelinde gesagt, noch heute einiges an Gedankenkraft ab. Fest steht, sie glaubte an das, was ein Jahrzehnt später auf Plakaten in vielen U-Bahnhöfen oder in Werbevideos der deutschen Atomwirtschaft zu betrachten war: Darauf waren idyllische Landschaften zum Beispiel von Badegästen am Main abgebildet. Weit im Hintergrund war das Atomkraftwerk Biblis zu sehen, und der Werbetext sagte uns: »Dieser Klimaschützer verhindert jedes Jahr die Emission von 12 Millionen Tonnen CO_2.« Ein anderes Bild zeigte das Atomkraftwerk Brunsbüttel: »Dieser Klimaschützer kämpft 24 Stunden am Tag für die Einhaltung des Kyoto-Abkommens.« Atomkraftwerke – das waren Klimaschützer!

Doch wie wir bereits erfahren haben, vertragen sich Kernenergie und erneuerbare Energien schon vom System der Energieerzeugung her nicht. Aber wie sieht es aus mit den 12 Millionen Tonnen CO_2, die das Atomkraftwerk Biblis angeblich verhindert? Es handelt sich um eine glatte Marketinglegende. Auch diese funktioniert nur, weil die Atomlobby so verfährt, als gebe es weder einen freien Strommarkt noch einen CO_2-Emissionshandel. Jochen Flasbarth vom Umweltbundesamt beschreibt das Spiel mit der CO_2-Legende mit einfachen Worten: »Dass der Klimaschutz kippt, ist ein Märchen. Der CO_2-Ausstoß steigt nicht, weil durch den EU-Emissionshandel eine feste Obergrenze vorgegeben ist. Die Energieversorger müssen allerdings mehr CO_2-Zertifikate kaufen, wenn sie mehr Kohle- und Gaskraftwerke laufen lassen. Die Zertifikate sind heute noch relativ billig. Ihr Preis wird dadurch leicht steigen. Aber das ist kein Fehler, denn so steigt auch der Anreiz für die Unternehmen, schneller zu energiesparenden Technologien zu wechseln.«[56]

Der Bundesumweltamt-Präsident Jochen Flasbarth ist keiner der plötzlichen Energiewendehälse. Er war schon immer der Überzeugung, dass die Energiewende nicht nur ökologisch, sondern auch ökonomisch Sinn macht. Kurz nach der Bundestagswahl 2009 meldete sich Flasbarth öffentlich zu Wort. Er versuchte, die frisch gewählte schwarz-gelbe Bundesregierung vor einer Laufzeitverlängerung der Atomkraftwerke zu warnen. Die Bundesregierung behauptete damals, durch eine Laufzeitverlängerung würden in den nächsten drei Jahren bei der Stromproduktion 60 bis 64 Millionen Tonnen Kohlendioxid weniger anfallen.[57] Damit vertrat die Bundesregierung deckungsgleich die Auffassung der Atomkonzerne. So behauptete der Vorstandschef des Atomkonzerns REW, Jürgen Großmann: »Je schneller und radikaler man sich von der Kernkraft trennt, desto drastischer wird zunächst der CO_2-Ausstoß steigen.«[58] Jochen Flasbarth erwiderte darauf öffentlich: »Die durch die AKWs eingesparte Kohlendioxidmenge wird dann anderswo ausgestoßen.«[59] Kein einziges Gramm Kohlendioxid wird weniger ausgestoßen, wenn Atomkraftwerke laufen. Denn die Gesamtmenge ist im europäischen Emissionshandel auf 550 Millionen Tonnen begrenzt. Verzichtet ein Stromkonzern auf diese Rechte, werden sie von der Industrie genutzt. Flasbarth machte auf einen zusätzlichen Effekt aufmerksam: Wenn mehr Emissionszertifikate im Angebot seien, würden diese billiger. Die Industrie wiederum wäre dadurch verlockt, auf Investitionen in klimaschonendere Technologien zu verzichten und stattdessen auf billige CO_2-Zertifikate zu setzen. Flasbarths Warnung verhallte ungehört. Selbst der Bundesminister für Umwelt, Naturschutz und Reaktorsicherheit war auf diesem Ohr taub: Norbert Röttgen. Dieser hatte kurz zuvor ein Buch veröffentlicht, in dem er ebenfalls auf die Notwendigkeit einer europäischen Energiepolitik hinwies – allerdings mit der konträren Position: »Vor diesem Hintergrund erscheint zum Beispiel das Beharren auf dem isolierten nationalen Ausstieg aus der Kernenergie also ebenso ignorant wie gefährlich.«[60]

7

Fukushima hat alles verändert

Das Merkel-Moratorium
und das auffällige Schweigen der Konzerne

Fukushima hat uns auf das zurückgeworfen, was wir sind: Menschen, die sich allzu wichtig nehmen, die Gott spielen, die meinen, die Naturgesetze beherrschen und den Zufall in Wahrscheinlichkeitsrechnungen pressen zu können. Die japanischen Feuerwehrmänner versuchten in Fukushima, mit Meerwasser gegen die Folgen einer Kettenreaktion anzukämpfen, von der *wir* Jahrzehnte verschwenderisch gut gelebt haben, die zugleich Hunderttausenden Menschen *anderswo* den Tod gebracht hat und den uns nachfolgenden Generationen eine Millionen Jahre strahlende Altlast hinterlässt. Was aus Fukushima hierzulande oder – wie Ende März 2011 – in Frankreich[1] ankam, sind ein paar Becquerel mehr Jod-131 in der Milch – nicht besorgniserregend, wie die Behörden sagen. Und mit dem Anschwellen des Super-GAUs in Japan wird die anfängliche Bilderflut aus Japan merklich dünner. Die Katastrophe verliert den Status des Nennenswerten und wird alltäglich. An diesen Effekt dockten die Spin-Doktoren und Meinungsmacher der Merkel-Regierung und der Nuklearindustrie im Frühjahr 2011 an.

Japan genießt in Deutschland vermutlich ein ähnlich hohes Ansehen wie Deutschland in Japan. Wir erfinden und beherrschen Techniken, die Natur zu unterwerfen, TÜV-geprüft, genormt und immer innovativ. Ein kleines Detail aus der Chronologie der japanischen Katastrophe genügt vielleicht, verständlich zu machen, warum Fukushima diese Legende nachhaltig bedroht: Als Ende März 2011 die Radioaktivität im Pazifischen Ozean vor Fukushima stieg, machten sich die Atomkrafttechniker auf die Suche nach dem Leck. Einige Tage später fanden sie es. Aus einem kleinen 20 Zentimeter langen Riss sprudelte das verstrahlte Wasser vor der Weltöffentlichkeit ins Meer. Nun versuchten es die Männer mit Beton, der aber nicht trocken werden wollte. Am 4. April meldeten die Nachrichtenagenturen: »Da dieser Versuch scheiterte, setzten sie eine Mischung aus Kunstharz, Zeitungspapier und Sägespänen ein – erfolglos.«[2] Die Zutaten ihrer Ohnmacht sind erbärmlicher nicht vorstellbar: Kunstharz, Zeitungspapier und Sägespäne – die Bankrotterklärung einer hochtechnisierten Nation.

Ich habe den ehemaligen Leiter der Gesellschaft für Reaktor- und Anlagensicherheit, Lothar Hahn, gefragt, was man denn in Deutschland in einem solchen Fall täte. Er zögerte einen Augenblick und sagte dann: »Da gibt es nur noch sehr wenige Maßnahmen.« Nach Tschernobyl fiel es der Atomlobby vergleichsweise leicht, die Katastrophe auf einen verfallenden sozialistischen Staat mit maroder Technik und unmotivierten Ingenieuren zu schieben. Doch in Japan war der Tsunami, eine fernöstliche Naturkatastrophe, und in Echtzeit versuchten die Atomlobbyisten wieder, diesen Vorgang strikt von der angeblichen Wirklichkeit sicherer deutscher Technik abzuspalten. Am zweiten Tag der Katastrophe teilt das Deutsche Atomforum mit: »Der Auslöser der Ereignisse in Japan war eine Verkettung von zwei Naturkatastrophen. Das starke

Erdbeben hat das Netz und nahezu die gesamte Infrastruktur zerstört. Der anschließende Tsunami führte zu einem Ausfall der Notstromanlage und des Kühlsystems. Eine Verkettung eines derart schweren Erdbebens und eines schweren Tsunamis ist in Deutschland nicht vorstellbar.«[3]

Es ist das alte Spiel von Kriegspropagandisten, die gerne Anlass und Ursache verwechseln, um die Öffentlichkeit zu täuschen. Denn gäbe es nach Tsunami und Erdbeben in der japanischen Provinz keine Zone, in die Zehntausende Einwohner wohl nie wieder zurückkehren können? Ohne die Atomkraftwerke hätte auch ein Tsunami keine Strahlenkatastrophe heraufbeschwören können. Trotzdem, so wollen wir es der noch nie sonderlich wahrheitsliebenden Atomlobby zugestehen, war es der einzig mögliche Reflex in der sogenannten Krisenkommunikation, wie im Marketingdeutsch das Belügen der Öffentlichkeit genannt wird. Es ist der Versuch, die der eigenen Wahrnehmung innewohnende Schizophrenie in Windeseile in Millionen von fremden Hirnen zu verpflanzen – hier das sichere Deutschland, dort die asiatischen Naturgewalten. Nur nebenbei: In seiner Erklärung schob der Lobbyverband folgende Behauptung nach: »Auch von offizieller Seite ist bereits gestern darauf hingewiesen worden, dass die deutschen Kernkraftwerke so ausgelegt sind, dass die Schutzziele auch bei starken Erdbeben eingehalten werden.« Eine wahre Behauptung, wenn man ein Erdbeben von 7,0 auf der Richterskala nicht als »schwer« bezeichnen wollte. Denn die deutschen Reaktoren sind, wie bereits festgestellt, für Erdbeben von einer Stärke von 6,5 bis 6,7 gesichert. Bekannte deutsche Geologen haben allerdings mehrfach darauf aufmerksam gemacht, dass es auch in Deutschland vor Hunderten von Jahren solche schweren Erdbeben gab und diese auch künftig nicht auszuschließen sind.

Aber bleiben wir zunächst bei der These, ein Erdbeben und ein Tsunami haben diese Katastrophe ausgelöst. Auch Bundeskanzlerin Angela Merkel folgte zunächst diesem Reflex. Am dritten Tag der Reaktorkatastrophe in Fukushima sagte sie im Fernsehen: »Ich kann heute nicht erkennen, dass unsere Kraftwerke nicht sicher sind. Sonst müsste ich sie ja mit meinem Amtseid sofort abschalten.«[4] In diesem Amtseid hatte sie schon zweimal geschworen, »Schaden« vom »deutschen Volk« abzuwenden. Es war also ein sehr ehrlicher Satz, bei dem sie ihre gesamte Amtswürde in die Waagschale warf. Sie blieb einer Auffassung treu, die sie bereits als Bundesumweltministerin unter Helmut Kohl vertreten hatte, als sie sich herablassend über Atomkraftskeptiker äußerte: »Die Deutschen haben kein Verhältnis zu Wahrscheinlichkeit.«[5]

Nun brauchte sie noch einige Tage, von denen wir nicht erfahren werden, warum sie plötzlich den Hebel ihrer »Krisenkommunikation« Richtung Atomausstieg umlegte. Und plötzlich war bei Angela Merkel alles anders. Jetzt hat auch sie gesehen, dass das »absolute Unwahrscheinliche« wahr werden kann, und deutet ihren Amtseid anders. Es fehlten kaum noch zwei Wochen bis zur wichtigen Landtagswahl in Baden-Württemberg, und Angela Merkel trat auf einer Kundgebung im badischen Offenburg auf. Sie sagte dort einen wirklich überraschenden Satz: »Rot-Grün wollte einen Ausstieg bis 2020. Wenn wir das Ziel schneller erreichen können, umso besser.«[6]

Wer weiß, wie Lobbyverbände ticken, weiß auch: Wenn sie eine eigentlich für ihre Branche unangenehme Entscheidung der Bundesregierung begrüßen, ist etwas faul. Kurz nachdem Angela Merkel das Moratorium für die Laufzeitverlängerung verkündet hatte, meldete sich die Chefin des Bundesverbands der Energie- und Wasserwirtschaft (BDEW), Hildegard Müller, zu Wort – übrigens bis 2008 CDU-Bundestagsabgeordnete und Mitglied im Bundesvorstand und Präsidium der CDU. In ihrer Pressemitteilung hieß es, der BDEW »unterstütze« das Moratorium.[7] An unterschwelligen Drohungen ließ man es in der Pressemitteilung trotzdem nicht fehlen: »Wie sich die Strompreise auf längere Sicht entwickeln, hängt indes vom Ausgang des Moratoriums und den weiteren Überlegungen der Bundesregierung ab.« Wenn also wieder angeschaltet wird, ist die Welt der Lobbyisten wieder halbwegs in Ordnung – so die Botschaft. Eigentlich hätte man erwarten können, dass die Energiebosse angesichts des Merkel-Moratoriums vor Wut schäumen, denn immerhin hatte dieselbe Regierung den 17 deutschen Atomkraftwerken noch ein halbes Jahr zuvor attestiert, so sicher zu sein, dass man sie im Schnitt noch zwölf Jahre länger laufen lassen könne. Aber vielleicht waren sie bereits zu dieser Zeit so gelassen, weil sie ahnten, was das Moratorium bewirkt – zunächst nicht mehr als den Aufschub einer Laufzeitverlängerung in die Zukunft –, also akut gar nichts. So jedenfalls ist auch die Äußerung des EnBW-Chefs Hans-Peter Villis zu verstehen, der sagte, nach den drei Monaten Moratorium werde »das Spiel wieder neu gespielt«. Denn selbst wenn die alten Atomkraftwerke dauerhaft vom Netz bleiben, haben die Konzerne nach § 7 Absatz 1.b.) des Atomgesetzes jederzeit die Möglichkeit und das Recht, die Reststrommengen dieser stillgelegten Reaktoren auf jüngere Meiler zu übertragen.

Eine solche Lösung war ohnehin bereits von der schwarz-gelben Bundesregierung bei den Verhandlungen mit der Energiewirtschaft 2010 angeboten worden, doch die Konzerne waren über diese Frage uneinig und hatten die Idee abgelehnt. Nun hätten sie eine elegante Möglichkeit, die Laufzeitverlängerung und die damit verbundenen Milliardengewinne trotzdem zu 100 Prozent mitzunehmen. Der endgültige Atomausstieg würde sich dann nochmals um etwa acht weitere Jahre auf die Zeit nach 2040 verzögern. Für die Übertragung von Reststrommengen aus den älteren auf jüngere Kraftwerke brauchen die Atomkonzerne nicht einmal eine politische Genehmigung der deutschen Atomaufsicht. Eine einfache Mitteilung an das Bundesamt für Strahlenschutz genügt.

Auf diese unangenehme Wahrheit angesprochen, dementierte Bundesumweltminister Norbert Röttgen nicht. Die entsprechende Frage eines Journalisten war ihm wohl trotzdem unangenehm. So sagte er nur: »Das sind abwegige Gedanken.«[8] Dabei machen sie den Kern eines öffentlichkeitswirksamen Milliardendeals aus: Wenn die Atomkonzerne auf die ältesten acht Reaktoren verzichteten, hätte die Kanzlerin einen Erfolg zu verbuchen – ohne dass nur eine Kilowattstunde weniger Atomstrom produziert würde. Allerdings ist für diesen Fall zu bezweifeln, ob das die Regierung überhaupt bis zur nächsten Wahl durchstünde und spätestens dann abgewählt würde. Aber das interessiert die Atomlobby dann auch nicht mehr, denn Versuch ist Versuch. Die rechtliche Abwicklung des Laufzeit-Moratoriums fällt übrigens in die Zuständigkeit der Abteilung Reaktorsicherheit im Bundesumweltministerium. Leiter dieser Abteilung ist bekanntlich ein gewisser Gerald

Hennenhöfer. Der hatte schon als Generalbevollmächtigter des Atomkonzerns Viag seine Unterschrift unter das rot-grüne Atomkonsenspapier gesetzt – für den Atomkonzern Viag, der kurz darauf mit dem Konzern VEBA zu E.ON fusionierte.

Vieles spricht dafür, dass das Laufzeit-Moratorium und die angebliche »Zeit des Innehaltens«[9], von der Angela Merkel sprach, nichts sind als der konzertierte Versuch von Bundesregierung und Konzernen, die angepeilten Gewinne der Atomwirtschaft trotz Fukushima dauerhaft zu retten.

Scheingefechte der CDU-Atompolitiker

Mitte April äußerten sich erstmals nukleare Hardliner zur Atomausstiegsdebatte in der CDU. Der hessische Ministerpräsident Volker Bouffier sagte mit markigen Worten dem *Stern:* »Wir dürfen nicht den Eindruck erwecken, wir könnten uns von der Kernkraft verabschieden und künftig unseren Strombedarf decken, weil jeder hinterm Haus so einen kleinen Kühlschrank stehen hat und dann in Kraft-Wärme-Kopplung machen kann. Das ist absurd.«[10] Der wirtschaftspolitische Sprecher der CDU-Bundestagsfraktion Joachim Pfeiffer, der selbst auf der Gehaltsliste der Energiewirtschaft steht, sagt: »Die Antwort auf die Ereignisse in Japan liegt sicher nicht darin, die deutschen Kernkraftwerke abzuschalten und den Strom aus dem Ausland zu importieren.«[11] Sollten die »jüngeren« Atomkraftwerke länger am Netz bleiben, braucht er sich darüber keine Sorgen zu machen.

Das Störfeuer gegen den angeblichen Ausstiegskurs von Angela Merkel könnte nicht besser wirken: Es stärkt den Eindruck, dass sie es ernst meint, ohne sie machtpolitisch wirklich zu bedrohen. Und es bereitet die Öffentlichkeit bereits auf die Laufzeitverlängerung bis nach 2040 vor. Und auch die Klage von RWE spricht für diese These, denn wenn RWE es ernst meinte, hätte der Konzern den Reaktor Biblis A trotz des Moratoriums wieder anfahren können. Denn rechtlich entsteht durch die Klage eine aufschiebende Wirkung für das Moratorium, und RWE hätte damit die Bundesregierung gezwungen, eine bundesrechtliche Weisung zu erteilen. Die Angelegenheit wäre zum Schwur gekommen. Doch den möchten offenkundig weder die Atomkonzerne noch die Bundesregierung. Letztlich soll die Öffentlichkeit über die wahren Absichten getäuscht werden, bis sich die öffentliche Aufmerksamkeit nach Fukushima wieder gelegt hat – ein Kalkül, das indes nur funktioniert, wenn die Medien mit der Zeit das Interesse an dem fortschreitenden Super-GAU in Japan verlieren. Die Katastrophe von Fukushima hat die Bundesregierung der Angela Merkel noch enger mit der Atomlobby verschweißt, als es zuvor schon der Fall war. Sie werden gemeinsam durchhalten oder gemeinsam untergehen.

Merkels Ethikkommission ist kein »Runder Tisch«

Die nächste Station im Fahrplan der Krisenkommunikation war die sogenannte Ethikkommission. Mitte April begrüßte Angela Merkel zum ersten Mal die von ihr berufene Kommission. Das angeblich breitgefächerte Expertengremium soll der Bundesregierung nach dem Atom-Moratorium Empfehlungen für den weiteren Umgang mit der Kernenergie geben. Vor dem ersten Treffen hatte Merkel ein neues Bonmot in die Runde geworfen. Es lautete: »Ausstieg mit Augenmaß«[12]. Das klang bereits anders als ihre Ankündigung vor der Landtagswahl in Baden-Württemberg, schneller als Rot-Grün aus der Atomenergie aussteigen zu wollen. Aber ist diese Ethikkommission eine Art nuklearer »Runder Tisch«, die langersehnte Versöhnungskonferenz? Und was soll diese Kommission Neues zutage fördern?

Werfen wir einen Blick auf die Zusammensetzung der zunächst 14-köpfigen Kommission.[13] Zwei Namen sind dabei, deren extrem atomfreundliche Haltung wir schon im Sommer 2010 in der beispiellosen BDI-Anzeige »Energiepolitischer Appell« gegen den Atomausstieg nachlesen konnten: der BASF-Vorstandsvorsitzende Jürgen Hambrecht und der Chef der Industriegewerkschaft Bergbau, Chemie, Energie, Michael Vassiliadis. Es ist schon merkwürdig, warum Angela Merkel ausgerechnet zwei Männer berufen hat, die sie – zumindest dem Anschein nach – im Sommer 2010 noch per Zeitungsannonce auf nicht gerade charmante Art attackiert hatten. Ebenso stellt sich die Frage, warum ein zweitrangiger FDP-Politiker in einem so wichtigen Gremium sitzt: Walter Hirche wird zwar als Präsident der Deutschen UNESCO-Kommission vorgestellt, ist aber in Wahrheit langjähriger FDP-Wirtschaftsminister in zwei Bundesländern gewesen. Während einer Hörfunksendung sagte er im April: »Wir müssen das Moratorium abwarten. Anhand der neuen Prüfkriterien wird sich zeigen, was mit den älteren Meilern passieren wird. Schnellschüsse helfen aber nicht.«[14] Seine Einstellung zur Atomkraft soll er bereits mit einem fragwürdigen Vergleich kundgetan haben: »Atomkraft ist sicher, sonst hätten nicht schon Mütter mit ihren Kindern vor einem KKW für Kernkraft demonstriert.«[15] Auch sagte er schon 2005 als niedersächsischer Wirtschaftsminister den Ausstieg aus dem Atomausstieg voraus: »In Deutschland werden in zehn Jahren neue Kernkraftwerke gebaut.«[16]

Ganz im Sinn der Atomlobby ist auch die Berufung des Risikoforschers Ortwin Renn, Professor für Umwelt- und Techniksoziologie an der Universität Stuttgart. Er ist ein dezidierter Anhänger der Kernenergie und hat auch kein Problem damit, sich auf der Internetseite des Deutschen Atomforums publizistisch einspannen zu lassen.[17] In einem journalistischen Gespräch trauerte er der Zeit der 60er Jahre nach, als »die Deutschen der Kernenergie gegenüber durchaus positiv eingestellt« waren: »Heute steht die Kernenergie vor einer semantischen Herausforderung. Denn im politischen Diskurs zeichnen die Gegner der Kernenergie gern das Bild einer ›Technologie von gestern‹, der allenfalls noch eine Übergangsfrist, aber nicht mehr die Zukunft gehört, während die erneuerbaren Energien als die innovative Vision dargestellt werden.«

Das Gespräch fand offenkundig vor der Katastrophe von Fukushima statt, denn ein Hinweis auf eine rein »semantische Herausforderung« der Kernenergie hätte sonst einen merkwürdigen Klang erhalten. Auch freute sich der Risikoforscher über eine der Nuklearbranche aufgeschlossenere Medienlandschaft: »In der Presse können wir tatsächlich eine gewisse Müdigkeit gegenüber derartigen Übertreibungen beobachten. Offenbar reflektieren Journalisten zunehmend dieses Spiel mit der Angst, so dass Deutschland in Zukunft vielleicht doch noch zu einer sachlichen Debatte um die Kernenergie zurückfindet.« Diese Personalauswahl bietet auf jeden Fall die Sicherheit, dass die Empfehlungen der Ethikkommission nicht drastisch den Interessen der Atomlobby zuwiderlaufen werden. Denn der Rest der Kommission besteht aus durchaus angesehenen öffentlichen Personen aus Wissenschaft und Politik, die sich bislang in der Atomfrage zurückgehalten haben.

Die atomskeptischen Teilnehmer sind allerdings nicht in der Lage, sich auf speziellen technischen und ökonomischen Sachverstand zu berufen. Denn sie sind Fachleute auf anderen Gebieten: Der Soziologe Ulrich Beck ist Deutschlands bekanntester Risikoforscher; Kardinal Reinhard Marx ist Erzbischof von München und Freising; sein Kollege Ulrich Fischer ist Bischof der Evangelischen Landeskirche in Baden. Sieht man einmal von der Leitung der Ethikkommission durch den weltweit anerkannten CDU-Umweltpolitiker Klaus Töpfer ab, folgt die Zusammensetzung der klassischen Logik der Atomlobby: Technischer, wissenschaftlicher und ökonomischer Sachverstand stehen auf der Seite der Atombefürworter, und die Gegner sind für den Glauben und die Moral zuständig. So als gäbe es nicht kritische Atomtechnikexperten wie Klaus Traube oder den atomskeptischen ehemaligen Leiter der Gesellschaft für Anlagen- und Reaktorsicherheit, den Physiker Lothar Hahn. Und auch Nichtregierungsorganisationen wie Greenpeace, der BUND, der Naturschutzbund Deutschland, die Deutsche Umwelthilfe, die Deutsche Gesellschaft für Strahlenschutz sowie Internationale Ärzte für die Verhütung des Atomkrieges haben entweder Ingenieure, Ökonomen oder Strahlenschutzexperten in ihren Reihen, die auf gleicher Augenhöhe mit der Atomlobby diskutieren könnten. Solche kritischen Experten mit hohem Sachverstand sucht man in der Kommission vergeblich. Die Kommission ist also alles andere als der berühmte »Runde Tisch« – sie ist eine Farce.

Parallel zur Ethikkommission soll eine Gruppe von wissenschaftlichen und technischen Experten die 17 deutschen Atomkraftwerke genau unter die Lupe nehmen. Vor dem Hintergrund der Katastrophe von Fukushima sollen »neue Risiken« geprüft werden. Bundesumweltminister Norbert Röttgen vermittelt den Eindruck, die Bewertung sei vollkommen ergebnisoffen: »Wir müssen neu bewerten und neu entscheiden.«[18] Es stelle sich die Frage, ob Deutschland nach Japan bereit sei, auch bekannte Risiken wie Erdbeben, Überschwemmungen oder Flugzeugabstürze hinzunehmen. Röttgen gibt sich nachdenklich in Bezug auf das längst bekannte Absturzrisiko: »Diese Gefahr, dieses Zivilisationsrisiko, war bekannt. Bislang ist entschieden worden, wir nehmen das hin.« In Japan habe die Natur das technische Sicherheitsdenken widerlegt: »Müssen wir nicht auch über unsere Annahmen von Sicherheit neu debattieren? Können nicht auch wir widerlegt werden – von der Zivilisation oder von der Natur?« Bereits zu diesem Zeitpunkt fordert Röttgen ein neues Atomgesetz. Ein mutiger Schritt.

Noch mutiger erscheint er, seit Reaktorsicherheitsexperten des Ministeriums selbst den Entwurf für Anforderungen an eine neue Sicherheitsphilosophie für die Prüfung der deutschen Atomkraftwerke entwickelt haben. Das Dokument trägt das Kürzel Arbeitsgruppe RS 13 und ist auf den 16. März 2011 datiert. Die Arbeitsgruppe Reaktorsicherheit im Bundesumweltministerium hat hier einen Katalog entwickelt, der es in sich hat. Denn in ihrem Entwurf heißt es, alle Risiken, die sich aus der Katastrophe von Fukushima ableiteten, aber auch andere Risiken sollten neu geprüft und vor allem neu bewertet werden.[19] Die Autoren des Entwurfs scheinen sich bestens mit der Sicherheitsmentalität der deutschen Atomwirtschaft auszukennen, sonst würden sie nicht explizit fordern, nicht einfach alte Prüfungsergebnisse wieder abzuhaken. Der brisanteste Satz in dem Papier aber lautet: »Die geforderten Überprüfungen und Maßnahmen sind für alle Anlagen kurzfristig und als *Voraussetzung* für die Nutzung der zusätzlichen Strommengen aufgrund der gesetzlichen Laufzeitverlängerung nach dem (aktuellen) Stand von Wissenschaft und Technik umzusetzen.« Es ist ein ehrgeiziger Plan, den die Beamten im Bundesumweltministerium aufgestellt haben, denn er betrifft alle deutschen Atomkraftwerke, nicht nur die nach Fukushima heruntergefahrenen sieben älteren Meiler.

In sechs Minuten
alle Atomkraftwerke abgeschaltet

Das interne Sicherheitspapier veranlasste die Autoren des ARD-Politik-Magazins KONTRASTE, Chris Humbs und Ursel Sieber, zu einem spektakulären Fernsehbeitrag: In nur sechs Minuten und dreiundvierzig Sekunden schalteten sie in aller Öffentlichkeit alle 17 deutschen Atomkraftwerke ab – natürlich nur medial.[20] Mit Hilfe des ehemaligen Leiters der Abteilung Reaktorsicherheit im Bundesumweltministeriums, Wolfgang Renneberg, spielten sie durch, was die einzelnen Punkte in dem internen Entwurf für die 17 deutschen Atomkraftwerke bedeuten.

Eines der »jüngsten« deutschen Atomkraftwerke – Neckarwestheim 2 – könnte allein aufgrund der Erdbebengefahr den neuen Maßstäben zum Opfer fallen. Denn im Papier heißt es: »a.) Die Erdbebenauslegung wird nach Stand von Wissenschaft und Technik mit aktuellen Erdbebenlasten kurzfristig neu berechnet. Nachrüstmaßnahmen werden ggf. unverzüglich umgesetzt. b.) Einwirkungen aus bodendynamischen Prozessen wie Erdfälle und Subrosion, Erdrutsche und sonstige Massenverlagerungen aller Art, und zwar als direkte Einwirkung als auch ausgelöst infolge von Erdbeben, werden in die Neuberechnung der Erdbebenauslegung mit einbezogen.

Nachrüstmaßnahmen werden ggf. unverzüglich umgesetzt.« Bei der Berechnung des Risikos könnte sich niemand mehr auf die vielleicht geringe Wahrscheinlichkeit von starken Erdbeben berufen, denn auch eine eigenständige Bodenverwerfung würde als Ausschlusskriterium genügen. Neckarwestheim 2 liegt auf einem unterhöhlten Kalkgestein.

Ein weiteres, bislang kaum berücksichtigtes Risiko ist die Hochwasser- oder Überschwemmungsgefahr: Es betrifft das Atomkraftwerk Brokdorf, das direkt an der Elbmündung zur Nordsee steht. Auch das Atomkraftwerk Unterweser müsste dichtmachen, wenn das Papier des Bundesumweltministeriums zur Grundlage offizieller Vorschriften würde. Denn zum Hochwasser steht da: »Bei der Berechnung von Überflutungen werden auch Flutwellen (Nordsee) und größere Wogen an angrenzenden Gewässern betrachtet.« Der frühere Abteilungsleiter für Reaktorsicherheit im Bundesumweltministerium hält diese Gefahreneinschätzung nicht für übertrieben: »Es gibt auch an der Nordsee die Gefahr von Tsunamis«, sagt er, nicht aufgrund von Erdbeben, sondern »weil es in Schottland und in Norwegen gefährdete Fjorde und Felsabhänge gibt, wo man festgestellt hat, dass über kurz oder lang ganze Berge in die Nordsee rutschen. Da können Wellen entstehen von dreißig Meter Höhe.«[21] Nachrüstungen gegen solche Wellen dürften allerdings trotz der Milliardengewinne die Wirtschaftlichkeit der Atomkraftwerke zunichtemachen. Ebenso sieht es bei der längst bekannten Gefahr durch Flugzeugabstürze und Terrorangriffe aus: fünf Reaktoren in Deutschland sind dagegen fast gar nicht geschützt, andere unzulänglich. So wollen die Beamten sichergestellt sehen, dass zum Schutz gegen Flugzeugabstürze oder gar Angriffe die Notkühlungssysteme sowie sämtliche Rohrleitungen zur Notkühlung verbunkert sind. Dies ist bei einigen Reaktoren wie zum Beispiel Philippsburg 1 nicht der Fall. Und ihre Nachrüstung wird zu teuer.

Wolfgang Renneberg ist von dem Papier positiv beeindruckt. Solche konsequenten Forderungen hatte er bislang für nicht möglich gehalten. Denn das Bundesumweltministerium habe bislang alles getan, »um Sicherheitsanforderungen, die eigentlich nach Stand von Wissenschaft und Technik gestellt werden müssten, nicht zu stellen. Insofern ist das eine unglaubliche Entwicklung.«[22] Renneberg war von November 1998 bis November 2009 Leiter der Atomaufsicht im Bundesumweltministerium unter den Ministern Jürgen Trittin und Sigmar Gabriel und weiß, wie die Lobbymühlen in diesem Geschäft mahlen. Er ist entsprechend skeptisch, dass das Papier der Fachabteilung des Bundesumweltministeriums in seinen hohen Sicherheitsanforderungen auch so bleibt. »Bei solchen Papieren besteht die Gefahr, dass sie verwässert werden«, sagt Renneberg. »Sie können verwässert werden dadurch, dass geschlossene Kommissionen hier sich neue Maßstäbe bilden. Meines Erachtens ist es ganz wichtig, diese Punkte im Parlament, in Hearings, mit der Öffentlichkeit, mit der Fachöffentlichkeit zu diskutieren.«

Der geheime »Stresstest«

Doch statt Transparenz setzen Angela Merkel und ihr Bundesumweltminister auch weiter auf Geheimnistuerei – und das exakt in den Kommissionen, von denen Renneberg spricht. So hatte das Bundesumweltministerium die deutsche Reaktorsicherheitskommission (RSK) beauftragt, in Abstimmung mit den Bundesländern, »eine anlagenspezifische Sicherheitsüberprüfung (›Stresstest‹) für alle deutschen Kernkraftwerke (KKW) durchzuführen. Ziel dieser Überprüfung ist es, unter Berücksichtigung der Ereignisse in Fukushima zu untersuchen, wie robust die Auslegung der KKW und die geplanten Notfallmaßnahmen gegen erhöhte Einwirkungen sind, die nicht in der Auslegung unterstellt wurden.«[23] Norbert Röttgen verkündete öffentlich: »Der Prozess ist ein öffentlicher Diskurs, eine gesellschaftliche Debatte über Energiepolitik und ihre Grundlagen und darum müssen auch die Grundlagen öffentlich zugänglich sein.«[24]

Wer in den Tagen des Laufzeit-Moratoriums allerdings als Journalist versuchte, etwas über die Inhalte und personelle Zusammensetzung der Expertengruppen zu erfahren, wurde abgewiesen. Als das ARD-Politik-Magazin KONTRASTE das Ministerium zu diesem Widerspruch befragte, antwortete es: »Durch die Vertraulichkeit sollten die RSK-Mitglieder vor einer externen Beeinflussung geschützt werden.«[25] Das Ministerium hatte die Mitglieder sogar zur Verschwiegenheit verpflichtet – ganz entgegen der Ankündigung des Ministers. Die KONTRASTE-Autoren sahen sich die Liste der Mitglieder der Reaktorsicherheitskommission genau an: Darunter ist zum Beispiel der technische Leiter der Atomkraftwerke Isar 1 und 2, Erwin Fischer. Isar 1 ist ein pannenträchtiger alter Reaktor, der nicht einmal gegen Flugzeugabstürze gesichert ist. Trotzdem verkündete der E.ON-Angestellte Fischer im Bayerischen Rundfunk bereits vier Tage nach der Fukushima-Katastrophe, Isar 1 erfülle die »sicherheitstechnischen Anforderungen«[26]. Der Interessenkonflikt, in dem der RSK-Vertreter steckt, liegt auf der Hand. Auch ein Vertreter des Atomkraftwerksbau-Konzerns AREVA sitzt in der Reaktorsicherheitskommission, ebenso wie ein Vertreter des TÜV Süd, also einer privaten Gesellschaft, die ihr Geld mit der Prüfung von Atomkraftwerken verdient. Nun mag es einen Bedarf an fachlichem Austausch zwischen Industrieinsidern und unabhängigen Experten in solch einer Kommission geben. Doch die Geheimnistuerei dieser Herrschaften zu einer Zeit, in der die deutsche Gesellschaft Offenheit in dieser Frage verlangt, ist bemerkenswert. Die RSK leitet, wie gesagt, federführend auch die Sicherheitsüberprüfung der deutschen Atomkraftwerke. Die dafür gebildeten Untergruppen umfassen weitere, etwa 80 bis 100 Experten, die in die Kraftwerke ausschwärmen sollen. Diese Arbeit wiederum koordiniert die Gesellschaft für Anlagen- und Reaktorsicherheit. Auf ihrer Internetseite beschreibt die GRS die Risiken, die die Experten bei diesem sogenannten Stresstest untersuchen sollen: »Dabei handelt es sich sowohl um naturbedingte Ereignisse (z. B. Erdbeben, Hochwasser, extreme Wetterbedingungen sowie deren Folgewirkungen) als auch um zivilisatorisch bedingte Ereignisse (z. B. unfallbedingter und gezielter Flugzeugabsturz, Explosionen außerhalb der Anlage und mögliche Auswirkungen eines Unfalls in einem benachbarten Reaktor, terroristische Angriffe auf die Anlage einschließlich IT-Angriffe).«[27]

In der Fachgruppe Naturgewalt sitzt kein einziger Seismologe

Ich frage bei der Gesellschaft für Anlagen- und Reaktorsicherheit nach und bitte darum, mir die Liste der Experten zukommen zu lassen. Der Pressesprecher, Horst May, sagt mir überraschend, diese sei geheim. Er erklärt, es sei auch sinnvoll, damit die Experten in Ruhe ihrer Arbeit nachgehen können. Für die Untersuchungsarbeit wurden insgesamt acht Expertenteams gebildet, darunter auch eins mit dem Thema

»Naturbedingte Einwirkungen von außen«. Aus sicherer Quelle habe ich erfahren, dass kein Seismologe aus einer deutschen Genehmigungs- oder Aufsichtsbehörde in diese Expertengruppe bestellt ist. Kein unabhängiger staatlicher Experte kann also die erdgeschichtlichen, geologischen Risiken in die Untersuchung einfließen lassen und den Atomkraftwerksbetreibern kritische Fragen stellen. Die Beantwortung von Fragen nach dem ebenfalls geheimen Anforderungskatalog wird den Kraftwerksbetreibern und ihren privaten Gutachtern überlassen. Meine Frage nach dem fehlenden Seismologen in der Expertengruppe »Naturbedingte Einwirkungen« wird von der GRS nicht beantwortet – also auch nicht dementiert. Dieses Vorgehen hätten sich die Atomkonzerne selbst nicht besser ausdenken können. Denn Sicherheit bedeutet für sie vor allem einen Kostenfaktor.

Während in Deutschland aus taktischen Gründen keine laute Kritik von den Atomkonzernen an den Sicherheitsüberprüfungen zu hören war, liegen die Dinge im europäischen Ausland anders. Die Sicherheitsüberprüfungen bereiten den deutschen Atomkonzernen RWE und E.ON vor allem in Großbritannien Sorgen. Denn 2009 schlossen sich beide zu dem Joint-Venture-Unternehmen Horizon Nuclear Power zusammen, um in Großbritannien mehrere Atomkraftwerke mit einer Leistung von insgesamt 6000 Megawatt zu errichten.[28] Die nagelneuen Kraftwerke sollen bereits nach 2020 ans Netz gehen. Doch gegenwärtig lässt die britische Regierung alle Atomreaktoren sicherheitstechnisch überprüfen. Allein diese Tatsache genügt dem Chef von RWE Großbritannien, um dem britischen Staat zu drohen: Sollten die Reaktorhersteller zu deutlich kostspieligeren Nachrüstungen gezwungen werden, müsse das Vorhaben auf den Prüfstand gestellt werden.[29] Dass sogar eine Prüfung uralter Reaktoren die Bauherren von künftigen Reaktoren erschüttert, lässt erahnen, welcher erschreckenden Sicherheitsphilosophie diese Konzerne noch immer folgen.

Atombranche als Staat im Staate

Die Geschichte der Atomenergie in Deutschland ist nicht nur eine Geschichte des Lobbyismus, sondern auch der Korruption – und das nicht nur bei Siemens. Der im Herbst 2010 verstorbene SPD-Energieexperte, Bundestagsabgeordnete und Träger des Alternativen Nobelpreises Hermann Scheer war einer der wenigen, die das auch beim Namen nannten. Er erzählte mir einmal folgende Episode aus den 90er Jahren. Da meldete sich ein Unternehmensberater zu einem »wichtigen Gespräch unter vier Augen« an. Scheer empfing ihn und beschrieb ihn auf seine ironische Art: »Perfekte Umgangsformen, gewählte Sprache, gekleidet wie ein englischer Lord, akkurateste Bügelfalte.« Der Besucher sagte, er sei Personalberater für große Firmen. Scheer fragte ihn, ob er also das sei, was man heutzutage einen »Headhunter« nenne, worauf der Besucher etwas angewidert dreinschaute. Nun bekannte der Mann, er sei im Auftrag eines großen deutschen Stromunternehmens hier: »Man würde mir einen Vorstandsposten anbieten. Aber er dürfe mir erst sagen, bei welchem Unternehmen, wenn ich verhandlungsbereit sei.« Hermann Scheer verkniff sich seine Neugier und verabschiedete den Mann ohne weitere Erklärungen zur Tür.

Hunderte Politiker von der kommunalen Ebene, über die Landes- bis zur Bundesebene, haben mit solchen Annährungsversuchen kein Problem. Allein hundert Kommunalpolitiker sitzen in regionalen Beiräten des Atomkonzerns RWE, aber auch E.ON kennt solche Posten.[30] Und legendär sind die Politikerreisen in Ferienparadiese. Beraterverträge entziehen sich oft der Öffentlichkeit. Dahinter steht ein Selbstverständnis als »Staat im Staat«, wie Hermann Scheer formulierte: »Diese Rolle haben sie jahrzehntelang ungestört spielen können. Es ist entstanden über den ganzen Prozess von zunächst öffentlichen Unternehmen, die dann mehr und mehr zu privaten Unternehmen geworden sind und die sich der öffentlichen Kontrolle zunehmend entzogen haben. Und sich entziehen konnten, weil sie über Jahrzehnte ein perfektioniertes System entwickelt haben, sich politische Akteure dienstbar zu machen.«

Was tut der SPD-Atomlobbyist Clement heute?

Und so gelang es dem Oligopol der vier Energiekonzerne in Deutschland jahrelang erfolgreich, die Energiewende zu verhindern. Dank ihrer guten Vernetzung mit den Parteien CDU, CSU, FDP und insbesondere mit der SPD, haben die Energieriesen den Aufbruch in die Energiewende bislang verhindert. In Hessen gelang es sogar, den Aufbruch einer rotgrünen Koalition unter Tolerierung der Linken zu verhindern – ein Bündnis, das die Energiewende schon lange vor Fukushima ganz oben auf der Agenda hatte. Ein großer Visionär der Energiewende, Hermann Scheer, wäre in dieser Regierung Wirtschaftsminister geworden und hätte getan, was in seiner Macht gestanden hätte. Eine solche Regierung wäre ein wirklicher Angstgegner der Atomkonzerne gewesen, und so wurden alle Hebel in Bewegung gesetzt, sie gar nicht erst an die Macht kommen zu lassen.

Eine tragende Rolle bei den Intrigenspielen übernahm dabei der ehemalige Bundeswirtschaftsminister und Atomlobbyist Wolfgang Clement. Und selbst nach Fukushima tourt er durch die Lande und macht Propaganda für die Atomindustrie. Anfang April 2011 brandmarkte er bei einer Veranstaltung in Aachen die Ausstiegspläne in Deutschland. Ähnlich wie nach der Katastrophe von Tschernobyl, als Deutschland mit seiner Ausstiegsphilosophie weltweit allein gestanden habe, »sind wir auch jetzt wieder auf dem Weg, einen Alleingang zu machen«[31]. Polemisch sprach Clement von einer »Stilllegungsorgie«. Es gebe nun einmal keinen technischen Fortschritt ohne Restrisiko, sagt Clement: »Wir müssen weiterhin davon ausgehen, dass morgen passieren kann, was heute noch unvorstellbar ist. Das ist der Preis menschlichen Fortschritts.« Sollte die Gemütsverfassung des Lobbyisten Clement ein Spiegelbild der Gemütsverfassung der Vorstandsvorsitzenden der Atomkonzerne darstellen, dürfen wir uns auf einen Großangriff gefasst machen. Aber es wäre nicht der erste Großangriff dieser Branche auf den Mehrheitswillen der deutschen Bevölkerung und damit auf die Demokratie. Für die SPD jedenfalls heißt das mindestens: Wenn sich diese Partei nicht restlos und personell von dem schmutzigen Erbe der Clement-Schröder-Ära trennt, wird sie nicht glaubwürdig an der Energiewende mitarbeiten können.

Eine Spekulation zum Schluss: Wie geht es weiter?

Zum Ende dieser Geschichte von Macht, Lobbyismus und Manipulation sei uns noch eine kleine Spekulation gestattet: Wie geht es weiter? Es gibt nach allem, was wir über den Einfluss der Energiekonzerne auf die deutsche Politik wissen, nur drei Möglichkeiten: Entweder gelingt es den Parteien, einen

Pakt der Vernunft gegen die übermächtige Macht der Konzerne zu bilden. Dazu müssten aber die Parteien die eigenen Fehler einräumen, denn erst ein glaubwürdiges Bündnis ist ein starkes politisches Bündnis. Oder es gelingt Angela Merkel der gleiche Coup wie einst Gerhard Schröder: Sie bindet die von der plötzlichen eigenen Bedeutung machttrunkenen Grünen an sich und leitet eine Energiewende ein, die uns trotzdem noch ein Jahrzehnt Atomenergie aufzwingt und den Konzernen einigen Profit belässt. Es wäre ein schwarz übertünchter rot-grüner Atomkonsens und die Rückkehr zum Restrisiko als Staatsräson. Es gibt aber noch eine dritte, vielleicht nicht sehr wahrscheinliche Möglichkeit, und die wäre jedenfalls mit einer historisch zu nennenden politischen Wendung verbunden: Angela Merkel versucht nicht, den Schröder zu geben, und die Union geht auf einen schnellstmöglichen Atomausstieg ein. Es wäre der Sieg der Vernunft, wenn ausgerechnet der zuvor jahrzehntelang atomgläubigen Physikerin Angela Merkel gelänge, was der »Genosse der Bosse« Gerhard Schröder im Zusammenspiel mit damals handzahmen Grünen und Energielobbyisten zu verhindern wusste: einen unumkehrbaren und kurzfristigen Ausstieg Deutschlands aus der Atomenergie. Eine über Jahrzehnte herrschende, carbon- und atomfixierte Gedankendiktatur ginge zu Ende. Ihr antidemokratischer Lobbyismus wäre nur noch eine historische Fußnote. Aber ehrlich gesagt: Wir wissen zu viel, um das noch hoffen zu können.

Dank

Ich möchte mich herzlich bei allen bedanken, die mich durch Anregungen und Kritik unterstützt haben. Insbesondere danke ich Lothar Hahn, dem ehemaligen Leiter der Gesellschaft für Anlagen- und Reaktorsicherheit, für die kritische Durchsicht der Kapitel zur Risikoforschung und Sicherheitsfragen in- und ausländischer Atomkraftwerke. Ebenso danke ich Professor Uwe Leprich von der Hochschule für Technik und Wirtschaft des Saarlandes für seine Mitwirkung und der kritischen Durchsicht der energiewirtschaftlichen Teile des Manuskripts. Besten Dank auch Karl Kerschgens vom Verband der Kritischen Aktionäre für die Durchsicht des Kapitels über die Siemens/KWU-Geschichte. Herzlichen Dank auch Professor Christian Pestalozza von der Freien Universität Berlin für seine verfassungsrechtlichen Hinweise zum Atomgesetz. Ich danke auch Rainer Baake, dem ehemaligen Staatssekretär der Grünen im Bundesumweltministerium und heutigen Geschäftsführer der Deutschen Umwelthilfe für seine Bereitschaft, sehr kritische Fragen zum rot-grünen Atomausstieg offen zu beantworten.

Sehr motiviert hat mich der Heyne Verlag, der den Anstoß zu diesem Buchprojekt gab. Vielen Dank Michael Neher für den immer kurzen Draht und deinen Optimismus. Nicht zuletzt danke ich meiner Lektorin Annalisa Viviani für ihre gewissenhafte und schnelle Arbeit sowie ihren Zuspruch. Auch danke ich meinen Eltern für ihre wertvollen Anregungen.

Vor allem danke ich Mélanie Angoujard für ihre Anregungen, den nötigen Ansporn und ihre Liebe.

Anmerkungen

Die teuerste Lüge der Menschheit oder:
Was kostet ein Mensch?

[1] http://www.spiegel.de/panorama/0,1518,752636,00.html vom 23. März 2011.

[2] http://regelwerk.grs.de/ww/RSH/3_56.pdf Bewertungsschema der Gesellschaft für Anlagen- und Reaktorsicherheit.

[3] http://www.sueddeutsche.de/politik/2.220/atompolitik-und-landtagswahlen-bruederle-und-die-bosse-1.1076394 vom 24. März 2011.

[4] http://www.kanzlei-loewenberg.de/seite9.html Schmerzensgeld-tabelle.

[5] http://www.greenpeace.de/fileadmin/gpd/user_upload/themen/atomkraft/tschernobyl_gesundheitsreport_kf_2006.pdf.

[6] http://www.theeuropean.de/hermann-scheer/4556-atomaus-stieg-und-direkte-demokratie, vom 15. Oktober 2010.

Diese Katastrophe war das
»absolut Unwahrscheinliche«

[1] Pressemitteilung BMU 07.03.1997; http://www.bmu.de/presse-archiv/13_legislaturperiode/pm/1419.php.

[2] Pressemitteilung BMU vom 16. Juli 1997; http://www.bmu.de/pressearchiv/13_legislaturperiode/pm/1120.php.

[3] Pressemitteilung BMU vom 2. August 1998; http://www.bmu.de/pressearchiv/13_legislaturperiode/pm/148.php.

[4] Koelzer, W.: *Lexikon der Kernenergie.* Forschungszentrum Karls-ruhe, Oktober 2010.

[5] Vgl. dazu: *Der Spiegel,* 9. April 1979.

[6] Holger Strohm: *Friedlich in die Katastrophe.* Frankfurt a.M., S. 365.

[7] Vgl. dazu: *Der Spiegel,* 20. August 1979.

[8] Hans Küng: *Der Anfang aller Dinge.* München 2005, S. 53.

[9] *Der Spiegel,* 25. Mai 1998.

[10] Vgl. Klaus Heilmann: *Das Risiko-Barometer.* München 2010.

[11] http://doris.bfs.de/jspui/handle/urn:nbn:de:0221-20100317939.

[12] a.a.O., S.82.

[13] *Der Spiegel,* 28. August 1979.

[14] Vgl. dazu: *Die wahre Geschichte von Tschernobyl.* Discovery-Channel. Dokumentation 2006.

[15] Sebastian Pflugbeil: »Tschernobyl und die DDR. Zwischen staatlicher Leugnung und Bürgerbewegung«, in: *Tschernobyl und die DDR: Fakten und Verschleierungen – Auswirkungen bis heute?* Magdeburg: Friedrich-Ebert-Stiftung, Landesbüro Sachsen-Anhalt 2003, S.29.

[16] Gesellschaft für Reaktorsicherheit: *Deutsche Risikostudie 1989,* S.143.

[17] Gesellschaft für Anlagen- und Reaktorsicherheit: *Siedewasserreaktor Sicherheitsanalyse Abschlussbericht,* Teil 1, 1993, S. 2–6.

[18] http://www.sueddeutsche.de/panorama/-frage-wie-gross-ist-die-chance-im-lotto-zu-gewinnen-1.662028 vom 6. Oktober 2006.

[19] *The 09/11 Commission Report,* S.244 f.

[20] Talkshow Anne Will, 27. März 2011.

[21] BUND Pressemitteilung vom 3. Februar 2004.

[22] Vgl. dazu: *taz,* 23. Februar 2004.

[23] dpa-Meldung vom 23. Februar 2004.

[24] dpa-Meldung vom 23. April 2004.

[25] http://www.freitag.de/2004/11/04110401.php vom 5. März.2004.

[26] Damals gab es noch 19 Kernkraftwerke, mit Stade und Obrigheim.

[27] VDI-Stellungnahme: »Die Sicherheitstechnische Auslegung von kerntechnischen Anlagen in Deutschland gegen Terrorismus« vom 21. November 2001.

[28] http://www.freitag.de/2004/11/04110401.php vom 5. März 2004.

[29] Bericht der Landesregierung (DS 15/3289) vom 9. März 2004.

[30] Vereinbarung zwischen der Bundesregierung und den Energieversorgungsunternehmen vom 14. Juni 2000.

[1] http://www.sueddeutsche.de/politik/japan-krisensitzung-im-kanzleramt-sicher-unsicher-merkel-1.1071326 vom 12. März 2011.

[2] *Der Spiegel,* 21. März 2011.

[3] http://www.spiegel.de/panorama/0,1518,750472,00.html vom 12. März 2011.

[4] http://www.kernenergie.de/kernenergie/Presse/Pressemitteilungen/items/2011-03-12_Erklaerung_zu_Ereignissen_in_Japan.php vom 12. März 2011.

[5] Vgl. dazu: *Der Spiegel,* 23. April 1984.

[6] *Der Spiegel,* 12. September 1988.

[7] http://www.augsburger-allgemeine.de/politik/Erdbebengefahr-fuer-deutsche-Atomkraftwerke-unterschaetzt-id14282966.html vom 14. März 2011.

[8] ZDF-Magazin FRONTAL vom 15. März 2011.

[9] Antwort auf die Kleine Anfrage der Abgeordneten Dr. Gisela Splett, Drucksache 14/7624.

[10] ZDF-Magazin FRONTAL vom 15. März 2011.

[11] Ebenda.

[12] Untersuchungsbericht des Landtags DS , 13/2500 Minderheitenvotum der SPD, S. 491; http://www3.landtag-bw.de/WP13/Drucksachen/2000/13_2500_D.PDF.

[13] Untersuchungsbericht des Landtags DS , 13/2500, S. 41; http://www3.landtag-bw.de/WP13/Drucksachen/2000/13_2500_D.PDF.

[14] Aussage von Stefan Mappus vor dem Untersuchungsausschuss, a. a. O., S. 89.

[15] Statement von Stefan Mappus vom Februar 2011 aus: ZDF-Magazin FRONTAL vom 15. März 2011.

[16] http://www.greenpeace.de/themen/atomkraft/presseerklaerungen/artikel/greenpeace_stellt_strafanzeige_gegen_umweltministerin_goenner/ vom 10. März 2011.

[17] Vgl. im Folgenden: Helmut Hirsch, Oda Becker: *Risiko Rest-*

laufzeit – Die Probleme und Schwachstellen der vier ältesten deutschen Atomkraftwerke – Schwerpunkt Neckarwestheim-1. Greenpeace-Studie 2005.

[18] Zit. nach Helmut Hirsch, ebenda.

[19] Vgl. ARD-Politik-Magazin KONTRASTE vom 16. Juli 2010.

[20] Wolfgang Kromp u.a.: Schwachstellenbericht Siedewasserreaktoren Baulinie 69. Im Auftrag der Landesregierungen von Oberösterreich, Niederösterreich u. Salzburg 2010, S. 22.

[21] http://www.spiegel.de/wissenschaft/technik/0,1518,718739,00.html vom 23. September 2010.

[22] Ebenda.

[23] ARD-Politik-Magazin KONTRASTE vom 16. Juli 2010.

[24] Zitiert nach KONTRASTE, ebenda.

[25] http://www.tagesspiegel.de/politik/akw-brunsbuettel-alter-betrieb/3658100.html.

[26] Helmut Hirsch, Oda Becker: *Risiko Restlaufzeit. Die Probleme und Schwachstellen der vier ältesten deutschen Atomkraftwerke Schwerpunkt Brunsbüttel.* Hannover 2005, S. 14.

[27] http://www.robinwood.de/Unsicher.131.0.html.

[28] Vgl. Helmut Hirsch, Oda Becker, a.a.O.

[29] Ebenda, S. 13.

[30] Ebenda.

[31] Stellungnahme ILK 2005: http://www.stmug.bayern.de/umwelt/reaktorsicherheit/ilk/doc/24.pdf.

[32] http://www.kernenergie.de/kernenergie/Service/Fachzeitschrift-atw/Hefte---Themen/2007/Dez/items/Vollstaendiger-atw-Artikel--Bericht-der-Expertenkommission-zu-den-Kernkraftwerken-Brunsbuettel-und-Kruemmel.php.

[33] Anm. d. Verf.: Die »Stellungnahme der Gutachtergemeinschaft zur KKB-PSÜ vom 21. Juni 2006« ist nach wie vor geheim.

[34] Gerd Rosenkranz: *Deutsche Umwelthilfe – Hintergrund: Brunsbüttel, die Mängelliste und Vattenfalls taktisches Verhältnis zu Sicherheit und Wahrheit,* 18. Juli 2007, S. 3; http://www.duh.de/uploads/media/DUH-Hintergrund-Maengelliste-Brunsbuettel-18-07-07_01.pdf.

[35] Ebenda.

[36] http://www.schleswig-holstein.de/MJGI/DE/Reaktorsicherheit-Strahlenschutz/Reaktorsicherheit/Brunsbuettel/KkwBrunsbuettel_node.html.

[37] »Störfall – Was geschah wirklich in den AKWs von Vattenfall?« Dokumentation von Klaus Martens, WDR 2007.

[38] http://www.spiegel.de/politik/deutschland/0,1518,634416,00. html vom 5. Juli.2009.

[39] Ebenda.

Die Legende
vom rot-grünen Atomausstieg

[1] http://www.sigmar-gabriel.de/Nachrichten/details/100209_roettgen.html?pg=14 am 9. Februar 2010.

[2] http://www.wdr.de/themen/kultur/stichtag/2005/06/15. jhtml?rubrikenstyle=stichtag.

[3] Programm zur Bundestagswahl – Grün ist der Wechsel, S. 23 f. http://www.boell.de/downloads/stiftung/1998_Wahlprogramm. pdf

[4] Beschluss des außerordentlichen Parteitags der SPD am 17. April 1998 in Leipzig.

[5] http://www.wdr.de/themen/kultur/stichtag/2005/06/15.jhtml? rubrikenstyle=stichtag.

[6] Der Spiegel, 3. Februar 1986; http://www.spiegel.de/spiegel/ print/d-13516196.html.

[7] Der Spiegel, 3. November 1986; http://www.spiegel.de/spiegel/ print/d-13519790.html.

[8] Jutta Ditfurth: Krieg, Atom, Armut. Was sie reden, was sie tun: Die Grünen. Berlin 2011, S. 83.

[9] Berliner Zeitung, 18. Februar 1997.

[10] Koalitionsvereinbarung der rot-grünen Bundesregierung vom 20. Oktober 1998 http://archiv.gruene-partei.de/gremien/rot-gruen/vertrag/IV.htm.

[11] Zit. nach Volker Hartenstein: Chronologie wesentlicher Stationen zum »Ausstieg aus der Atomenergie« http://basisgruen.gruene-

linke.de/gruene/bund/energie/atom/00-03-03--hartenstein-akw-ausstieg.htm.

[12] Vgl. dazu: Sascha Adamek, Kim Otto: *Der gekaufte Staat.* Köln 2009, S. 67 f.

[13] Verständigung über Eckpunkte zur Beendigung der Nutzung der vorhandenen Kernkraftwerke in Deutschland zwischen der Bundesregierung (BR) und den Eigentümern/Betreibern der in Deutschland errichteten Kernkraftwerkskapazitäten (E/B) (Entwurf) (Juni 1999).

[14] Ebenda.

[15] Brief von Bundesumweltminister Jürgen Trittin an die Parteitagsdelegierten; http://basisgruen.gruene-linke.de/gruene/bund/bdk/karlsruhe/offener-brief--trittin.htm.

[16] Ebenda.

[17] http://www.spiegel.de/politik/deutschland/a-69606.html vom 19. März 2000.

[18] *Der Spiegel,* 25. Januar 1999.

[19] Vgl. dazu: *Der Spiegel,* 9. Oktober 2002. http://www.spiegel.de/politik/deutschland/0,1518,217515,00.html.

[20] Energiebilanz e.V., 2011.

[21] http://www.wdr.de/themen/kultur/stichtag/2005/06/15.jhtml?rubrikenstyle=stichtag.

[22] *Focus,* 19. Juni 2000.

[23] Vereinbarung zwischen der Bundesregierung und den Energieversorgungsunternehmen vom 14. Juni 2000, S. 6.

[24] Ebenda, S. 5.

[25] http://www.freitag.de/2004/11/04110401.php vom 5. März 2004.

[26] *Focus,* 14. Juni 2010.

[27] Ebenda.

[28] Vgl. dazu: Sascha Adamek, Kim Otto: *Der gekaufte Staat.* Köln 2009, S. 67 f.

[29] http://www.welt.de/politik/article1644887/Wolfgang_Clement_wettert_gegen_Atomausstieg.html# vom 7. Februar 2008.

[30] http://www.ippnw.de/atomenergie/atompolitik/artikel/f8eb35b277/die-atomenergie-foerderpolitik-der-r.html.

[31] Ebenda.

[32] http://www.spiegel.de/politik/deutschland/0,1518,68965,00.html vom 14. März 2000.

[33] Ebenda.

[34] http://www.ippnw.de/atomenergie/atompolitik/artikel/f8eb35b277/die-atomenergie-foerderpolitik-der-r.html.

Schwarz-gelbe Laufzeitverlängerung ist zum Wohl des Volkes

[1] http://www.infratest-dimap.de/umfragen-analysen/bundesweit/wahlreport-deutschland/2009/ard-wahlberichterstattung/.

[2] http://www.deutschlandprogramm.de/webcom/show_article.php/_c-1213/_nr-4/i.html, S. 57.

[3] Regierungsprogramm von CDU und CSU vom 28. Juni 2009, S. 25.

[4] http://www.focus.de/politik/deutschland/energiepolitik-beck-haelt-an-atomkonsens-fest_aid_316598.html vom 8. Juli 2008.

[5] Vgl. http://www.focus.de/finanzen/boerse/versorger-strahlende-zukunft_aid_423303.html vom 5. August 2009.

[6] Ebenda.

[7] http://www.spiegel.de/wirtschaft/soziales/0,1518,651847,00.html vom 28. September 2009.

[8] dpa-Meldung vom 6. September 2010 http://www.verivox.de/nachrichten/durchbruch-in-atomstreit-12-jahre-laufzeitverlaengerung-56337.aspx.

[9] *Berliner Zeitung*, 4. Juli 2009.

[10] Ökoinstitut: Erste Auswertung des am 5. September 2010 ausgehandelten Modells für die Laufzeitverlängerung der deutschen Kernkraftwerke, S. 14.

[11] Pressemitteilung RWE vom 6. September 2010.

[12] http://www.handelsblatt.com/politik/deutschland/akw-betreiber-machen-bund-kompromissangebot/3511336.html?p3511336=all vom 9. August 2010.

[13] http://www.tagesspiegel.de/politik/atomkonzerne-drohen-schwarz-gelb/1864312.html vom 20. Juni 2010.

[14] Vereinbarung zwischen der Bundesregierung und den Energieversorgungsunternehmen vom 14. Juni 2000, S. 7.

[15] Sachverständigenrat für Umweltfragen: 100 % erneuerbare Stromversorgung bis 2050: klimaverträglich, sicher, bezahlbar, S. 84.

[16] http://www.kotting-uhl.de/cms/default/dok/355/355935.drohendes_haushaltsloch_in_milliardenhoe.html vom 1. Oktober 2010.

[17] Prof. Dr. Uwe Leprich, Prof. Dr. Andy Junker: Stromwatch 3: *Energiekonzerne in Deutschland.* Kurzstudie im Auftrag der Bundestagsfraktion Bündnis 90/Die Grünen, S. 30.

[18] Ökoinstitut: Erste Auswertung des am 5. September 2010 ausgehandelten Modells für die Laufzeitverlängerung der deutschen Kernkraftwerke, S. 14.

[19] *Der Spiegel,* 4. April 2011.

[20] http://www.wiwo.de/politik-weltwirtschaft/konzerne-haben-in-atomvertrag-massive-schutzklauseln-440851/.

[21] ARD-Politik-Magazin MONITOR, 9. September 2010.

[22] Ebenda.

[23] http://www.greenpeace.de/themen/atomkraft/nachrichten/artikel/bundesverwaltungsgericht_staerkt_rechte_von_akw_anwohnern/ vom 10. April 2008.

[24] BVerwG – 7 C 39.07, Abdruck in ZUR 2008, 363 ff.

[25] Expertise von Cornela Ziehm, Deutsche Umwelthilfe, September 2010; http://www.duh.de/uploads/media/Rechtliche_Bewertung_Atomgesetz.pdf.

[26] http://www.spiegel.de/politik/deutschland/0,1518,693265,00.html vom 6. Mai 2010.

[27] http://www.welt.de/politik/deutschland/article9280046/AKW-Sicherheit-kostet-laut-Roettgen-50-Milliarden.html#.

[28] http://www.welt.de/wirtschaft/article7895950/Atomlobbyist-sieht-keinen-Nachruestbedarf-bei-AKW.html vom 3. Juni 2010.

[29] http://www.spiegel.de/politik/deutschland/0,1518,693265,00.html vom 6. Mai 2010.

[30] Wortlaut des Atomgesetzes § 7d.

[31] ARD-Politik-Magazin MONITOR vom 9. September 2010.

[32] Vereinbarung zwischen der Bundesregierung und den Energieversorgungsunternehmen vom 14. Juni 2000, S. 13.

[33] Verwaltungsverfahrensgesetz, § 20, Absatz 1, 6.

[34] *Berliner Zeitung* vom 11. Januar 2010.

[35] Pressemitteilung des Sachverständigenrat für Umweltfragen vom 22. September 2010.

[36] http://www.bundestag.de/dokumente/textarchiv/2010/32009392_kw43_de_atompolitik/index.html vom 28. Oktober 2010.

[37] http://www.faz.net/s/Rub594835B672714A1DB1A121534F010EE1/Doc~E67678645A02D485B9FA2E7B685413951~ATpl~Ecommon~Scontent.html vom 31. Oktober 2010.

[38] Vgl. Telepolis vom 21. Oktober 2010; http://www.heise.de/tp/blogs/2/148650.

[39] http://www.bundestag.de/bundestag/plenum/abstimmung/20101028_energie1.pdf.

[40] http://www.faz.net/s/Rub594835B672714A1DB1A121534F010EE1/Doc~E67678645A02D485B9FA2E7B685413951~ATpl~Ecommon~Scontent.html vom 31. Oktober 2010.

[41] http://www.zeit.de/politik/deutschland/2010-12/wulff-atomgesetz-laufzeiten vom 8. Dezember 2010.

Kernenergie ist nur eine Brückentechnologie

[1] Interview mit Angela Merkel in der Tagesschau v. 28.03.2011.

[2] http://www.fr-online.de/politik/berlin-buergt-fuer-schrottreaktor/-/1472596/8244318/-/index.html vom 18. März 2011.

[3] http://content.stuttgarter-zeitung.de/stz/page/2335896_0_4061_-20-menschen-sterben-bei-erdrutsch-schockzustand-im-urlaubsparadies.html vom 2. Januar 2010.

[4] Vgl. http://www.urgewald.de/index.php?page=12-113-379.

[5] Christian Russau: »Brasilien baut Atomenergie weiter aus«; http://amerika21.de/analyse/25794/brasilien-atomkraft-ausbau vom 15. März 2011.

[6] Vgl. dazu: http://amerika21.de/meldung/2011/03/26875/akw-angra-betriebsgenehmigung vom 25. März 2011.

[7] http://www.fr-online.de/politik/berlin-buergt-fuer-schrottreaktor/-/1472596/8244318/-/index.html vom 18. März 2011.

[8] http://www.spiegel.de/wissenschaft/natur/0,1518,612607,00.html vom 11. März 2009.

[9] Christian Russau: »Brasilien baut Atomenergie weiter aus«; http://amerika21.de/analyse/25794/brasilien-atomkraft-ausbau vom 15. März 2011.

[10] Antwort der Bundesregierung auf eine »Kleine Anfrage« der Grünen vom 27. August 2010, Drucksache 17/2817.

[11] Antrag der Fraktionen SPD und BÜNDNIS 90/DIE GRÜNEN, keine Hermes-Bürgschaften für Atomtechnologien (Drucksache 17/5183) vom 23. März 2011.

[12] Plenarprotokoll 17/99 Deutscher Bundestag Stenografischer Bericht 99. Sitzung Berlin, Donnerstag, den 24. März 2011.

[13] Regierungsprogramm von CDU und CSU vom 28. Juni 2009, S. 25.

[14] http://www.ippnw.de/atomenergie/atomkonzerne/siemens-boykott/artikel/fb8ef6c9b2/siemens-entwickelt-und-baut-neue-ato.html.

[15] Vgl. http://www.spiegel.de/spiegel/print/d-56574293.html vom 14. April 2008.

[16] Heinrich von Pierer: *Gipfel-Stürme.* Berlin 2011, S. 54.

[17] Vgl. http://www.zeit.de/wirtschaft/2009-12/vergleichsweise-guenstig vom 2. Dezember 2009.

[18] Zitiert nach: http://www.spiegel.de/spiegel/print/d-56574293.html vom 14. April 2008.

[19] Ebenda.

[20] Heinrich von Pierer: *Gipfel-Stürme.* Berlin 2011.

[21] Ebenda, S. 58.

[22] Vgl. Antwort der Bundesregierung auf eine »Kleine Anfrage« der Grünen vom 27. August 2010, Drucksache 17/2817.

[23] http://www.spiegel.de/spiegel/print/d-56574293.html vom 14. April 2008.

[24] http://www.zeit.de/wirtschaft/2009-12/vergleichsweise-guenstig vom 2. Dezember 2009.

[25] Bayerischer Landtag, 15. Wahlperiode Plenarprotokoll 15/19 vom 29. Juni 2004.

[26] Ebenda.

[27] *Der Spiegel*, 16. März 1992.

[28] Vgl http://www.ippnw.de/atomenergie/atomkonzerne/siemens-boykott/artikel/fb8ef6c9b2/siemens-entwickelt-und-baut-neue-ato.html.

[29] http://www.faz.net/s/RubB08CD9E6B08746679EDCF370F87A4512/Doc~E39059BCB41E243A1ABC995F765I9734F4~ATpl~Ecommon~Scontent.html vom 22. März 2011.

[30] http://www.ippnw.de/atomenergie/atomkonzerne/siemens-boykott/artikel/fb8ef6c9b2/siemens-entwickelt-und-baut-neue-ato.html.

[31] Ebenda.

[32] Pressemitteilung des BUND vom 6. Oktober 2009.

[33] *Der Spiegel*, 2. März 1998.

[34] http://diepresse.com/home/politik/aussenpolitik/594027/Faymann_Vorbehalte-gegen-Ausbau-von-AKW-Mochovce vom 12. September 2010.

[35] http://www.zeit.de/2000/12/Was_Siemens_nuetzt_muss_gut_fuer_China_sein.

[36] http://www.sueddeutsche.de/wirtschaft/razzia-bei-areva-schwarze-kassen-in-der-kernkraft-firma-1.1082302 vom 7. April 2011.

[37] http://www.open-report.de/artikel/Siemens+erwartet+ged%C3%A4mpftes+Wachstum/110191.html vom 5. April 2011.

[38] http://www.siemens.com/annual/10/_pdf/Siemens_GB2010_Finanzbericht.pdf.

[39] http://www.siemens.com/press/de/pressemitteilungen/?press=/de/pressemitteilungen/2009/corporate_communication/axx20090338.htm.

[1] http://www.spiegel.de/wissenschaft/technik/a-754666.html vom 2. April 2011.

[2] Vgl.: http://www.apug.de/archiv/pdf/infraschall.pdf.

[3] http://www.mainpost.de/regional/kitzingen/Windradwahn-Maechtig-Gegenwind-Buergermeister-verlaesst-Versammlung;art773,5140932 vom 28. Mai 2009.

[4] http://www.brauns-transporte-ug.de/einsatzbereiche.html.

[5] Tätigkeitsbericht der Kerntechnischen Gesellschaft e.V. 2007. http://www.inforum-gmbh.de/documentpool/ktg/ktg-jb2007.pdf.

[6] http://home.arcor.de/g.mackenthun/risk/.

[7] http://bls-landschaftsschutz.de/Wir-ueber-uns.htm.

[8] Ebenda.

[9] ARD-Politik-Magazin MONITOR vom 25. April 2004.

[10] http://www.hydro.com/de/Subsites/Deutschland/Kontakt2-Hydro-Deutschland-Adressen-Ansprechpartner-Pressesprecher/aufgerufen am 27. März 2011.

[11] http://www.vik-online.de/index.php?id=39.

[12] Vortrag von Thomas Mock am 5. März 2009; http://www.zukunftsenergien.de/hp2/downloads/vortraege/mock-ak38.pdf.

[13] Hermann Scheer: *Der energ-ethische Imperativ.* München 2010, S. 18.

[14] *Berliner Zeitung,* 12. April 2011.

[15] *Der Spiegel,* 4. April 2011 auf Datenbasis der AG Energiebilanzen und Bundesministerium für Wirtschaft und Technologie.

[16] AG Energiebilanzen e.V.: Jahresbericht 2010, S. 32.

[17] http://www.taz.de/1/zukunft/schwerpunkt-anti-akw/artikel/1/die-stunde-der-bedenkentraeger/ vom 12. April 2011.

[18] Umweltbundesamt: »Stromerzeugung aus erneuerbaren Energien – klimafreundlich und ökonomisch sinnvoll«, veröffentlicht am 23. Februar 2011.

[19] Consentec GmbH und R2B Energy Consulting GmbH: Voraus-

setzungen einer optimalen Integration erneuerbarer Energien in das Stromversorgungssystem – Studie im Auftrag des Bundesministeriums für Wirtschaft und Technologie (BMWi). Aachen/ Köln, S. 99.

[20] Ebenda.

[21] Energiekonzept 2050 – erstellt vom Fachausschuss »Nachhaltiges Energiesystem 2050« des ForschungsVerbunds Erneuerbare Energien, Juni 2010, S. 41; http://www.fvee.de/fileadmin/politik/10.06.vision_fuer_nachhaltiges_energiekonzept.pdf.

[22] http://www.bundesregierung.de/Content/DE/Magazine/02MagazinWirtschaftArbeit/04/t-4-energiewende-beschleunigen.html.

[23] http://www.dradio.de/dlf/sendungen/umwelt/1416499/.

[24] http://www.verivox.de/power/calculator.aspx aufgerufen am 11. April 2011

[25] http://www.stern.de/news2/aktuell/deutsche-wuerden-fuer-oekostrom-mehr-ausgeben-1665220.html.

[26] Vgl. dazu: RBB-Magazin Klartext vom 16. August 1998.

[27] http://www.tagesspiegel.de/berlin/brandenburg/kernkraftwerk-rheinsberg-verschwindet-stueck-fuer-stueck/827200.html vom 26. März 2007.

[28] http://www.mugv.brandenburg.de/cms/detail.php/5lbm1.c.163098.de vom 1. Dezember 2010.

[29] Bettina Meyer, Swantje Küchler: »Staatliche Förderungen der Atomenergie«. Studie vom Forum Ökologisch-Soziale Marktwirtschaft im Auftrag von Greenpeace. Berlin 2010, S. 5.

[30] Jochen Diekmann, Manfred Horn: Abschlussbericht zum Vorhaben »Fachgespräch zur Bestandsaufnahme und methodischen Bewertung vorliegender Ansätze zur Quantifizierung der Förderung erneuerbarer Energien im Vergleich zur Förderung der Atomenergie in Deutschland«. DIW im Auftrag des BMU, S. 16.

[31] ARD-Politik-Magazin MONITOR vom 3. Juli 2008.

[32] http://frontal21.zdf.de/ZDFde/inhalt/3/0,1872,7378371,00.html vom 16. September 2008.

[33] Jochen Diekmann, Manfred Horn: Abschlussbericht zum Vorhaben »Fachgespräch zur Bestandsaufnahme und methodischen Bewertung vorliegender Ansätze zur Quantifizierung der För-

derung erneuerbarer Energien im Vergleich zur Förderung der Atomenergie in Deutschland«. DIW im Auftrag des BMU, S. 16.

[34] http://www.kernenergie.de/kernenergie/Themen/Finanzierung-KE/keine_Subventionen/.

[35] Ebenda.

[36] Jochen Diekmann, Manfred Horn: Abschlussbericht zum Vorhaben »Fachgespräch zur Bestandsaufnahme und methodischen Bewertung vorliegender Ansätze zur Quantifizierung der Förderung erneuerbarer Energien im Vergleich zur Förderung der Atomenergie in Deutschland«. DIW im Auftrag des BMU, S. 72.

[37] Vgl. dazu: http://frontal21.zdf.de/ZDFde/inhalt/3/0,1872,7378371,00.html vom 16. September 2008.

[38] Bettina Meyer, Swantje Küchler: »Staatliche Förderungen der Atomenergie«. Studie vom Forum Ökologisch-soziale Marktwirtschaft im Auftrag von Greenpeace. Berlin 2010, S. 32.

[39] Ebenda.

[40] Subventionen der Atomenergie – Bilanzierung der staatlichen Förderung von Atomkraft in Deutschland. Greenpeace-Mitteilung 2010.

[41] Jochen Diekmann, Manfred Horn: Abschlussbericht zum Vorhaben »Fachgespräch zur Bestandsaufnahme und methodischen Bewertung vorliegender Ansätze zur Quantifizierung der Förderung erneuerbarer Energien im Vergleich zur Förderung der Atomenergie in Deutschland«. DIW im Auftrag des BMU, S. 39.

[42] Bettina Meyer, Swantje Küchler: »Staatliche Förderungen der Atomenergie«. Studie vom Forum Ökologisch-soziale Marktwirtschaft im Auftrag von Greenpeace. Berlin 2010, S. 70.

[43] Mitteilung von Greenpeace Energy vom 17. April 2011.

[44] *Die Welt* vom 22. März 2011.

[45] http://www.bild.de/politik/inland/atomausstieg/atom-ausstieg-deutschland-auf-blackout-schlecht-vorbereitet-17261806.bild.html vom 5. April 2011.

[46] http://www.focus.de/politik/schlagzeilen/nid_68706.html.

[47] http://www.faz.net/s/RubD16E1F55D21144C4AE3F9DDF-52B6E1D9/Doc~E079763B54C4B4E66B2D8DDA64B87D003~ATpl~Ecommon~Scontent.html vom 8. Februar 2011.

[48] http://www.fr-online.de/wirtschaft/energie/-deutschland-kann-in-sechs-jahren-aussteigen-/-/1473634/8329438/-/index.html vom 11. April 2011.

[49] http://www.sueddeutsche.de/wirtschaft/moratorium-widerstand-gegen-abschaltungen-atomkonzerne-auf-konfrontationskurs-zu-merkel-1.1073024 vom 16. März 2011.

[50] AG Energiebilanzen Pressedienst 01/2011.

[51] Monitoring-Bericht des Bundesministeriums für Wirtschaft und Technologie nach § 51 EnWG zur Versorgungssicherheit im Bereich der leitungsgebundenen Versorgung mit Elektrizität. Januar 2011.

[52] *Berliner Zeitung*, 22. März 2011.

[53] http://www.abendblatt.de/hamburg/article1083879/Stoerfall-Kruemmel.html vom 6. Juli 2009.

[54] Angela Merkel im Gespräch mit Hugo Müller-Vogg: *Mein Weg*. Hamburg 2004, S. 14.

[55] Angela Merkel: *Der Preis des Überlebens*. Stuttgart 1997, S. 218.

[56] http://www.fr-online.de/wirtschaft/energie/-deutschland-kann-in-sechs-jahren-aussteigen-/-/1473634/8329438/-/index.html vom 11. April 2011.

[57] Vgl. dazu: http://www.taz.de/1/politik/deutschland/artikel/1/atomkraft-spart-kein-cofont-size22font/ vom 9.Oktober 2009.

[58] http://www.taz.de/1/zukunft/schwerpunkt-anti-akw/artikel/1/die-stunde-der-bedenkentraeger/ vom 12. April 2011.

[59] http://www.taz.de/1/politik/deutschland/artikel/1/atomkraft-spart-kein-cofont-size22font/ vom 9. Oktober 2009.

[60] Norbert Röttgen: *Deutschlands beste Jahre kommen noch*. München 2009, S. 249.

Fukushima hat alles verändert

[1] http://www.taz.de/1/zukunft/umwelt/artikel/1/atomstrahlen-in-frankreich-erhoeht/ vom 13. April 2011.

[2] *Berliner Zeitung*, 5. April 2011.

[3] http://www.kernenergie.de/kernenergie/Presse/Pressemitteilungen/items/2011-03-12_Erklaerung_zu_Ereignissen_in_Japan.php vom 12. März 2011.

[4] ARD-Tagesschau vom 13. März 2011.

[5] Zitiert nach: *Der Spiegel*, 4. April 2011.

[6] *Der Spiegel*, 21. März 2011.

[7] http://verbaende24.net/bdew-zum-kernkraft-moratorium-der-bundesregierung-konsequenzen-fuer-energieversorgung-beachten vom 16. März 2011.

[8] http://www.wallstreet-online.de/nachricht/3118535-merkels-akw-abschaltung-auf-wackeligen-fuessen vom 16. März 2011.

[9] http://www.sueddeutsche.de/politik/atomkraft-moratorium-merkel-den-eigenen-leuten-ausgeliefert-1.1073632 vom 17. März 2011.

[10] http://www.stern.de/politik/deutschland/hessens-minister praesident-bouffier-im-interview-atomkraft-warum-nicht-1673936.html vom 13. April 2011.

[11] http://newsticker.sueddeutsche.de/list/id/1136853 vom 6. April 2011.

[12] http://www.tagesschau.de/inland/ethikkommission102.html vom 15. April 2011.

[13] http://www.tagesschau.de/inland/faqatomkommission100.html vom 15. April 2011.

[14] http://www.kreiszeitung-wesermarsch.de/Home/region/stadland_KKU-Debatte-lockt-die-Massen-an-_arid.541242.html.

[15] http://www.nwzonline.de/Aktuelles/Politik/Leserforum/NWZ/Artikel/2580082/Atomkraft-nicht-beherrschbar.html.

[16] Zitiert nach: http://www.gruene-partei.de/cms/default/dok/242/242604.die_schwarzgelbe_akwneubautruppe.html.

[17] http://www.kernenergie.de/kernenergie/Themen/KE-fuer-jeden/Streitpunkt-Kernenergie/.

[18] http://www.tagesschau.de/inland/roettgen210.html vom 31. März 2011.

[19] Das Dokument liegt dem Autor vor.

[20] ARD-Politik-Magazin KONTRASTE vom 17. März 2011.

[21] Ebenda.

[22] Ebenda.

[23] http://www.grs.de/content/erlaeuterungen-zum-Stresstest.

[24] Zitiert nach: ARD-Politik-Magazin KONTRASTE vom 14. April 2011.

[25] Vgl. dazu: ARD-Politik-Magazin KONTRASTE vom 14. April 2011.

[26] Ebenda.

[27] http://www.grs.de/content/erlaeuterungen-zum-Stresstest.

[28] http://www.strom-magazin.de/strommarkt/eon-und-rwe-bauen-neue-atomkraftwerke-in-grossbritannien-_27198.html vom 6. November 2009.

[29] *Berliner Zeitung* vom 23. März 2011.

[30] Sascha Adamek, Kim Otto: *Der gekaufte Staat.* Köln 2009, S.72.

[31] http://www.az-web.de/lokales/heinsberg-detail-az/1643271?link=&skip=&_g=Wolfgang-Clement-spricht-ueber-die-Zukunft-der-Energie.html vom 7. April 2011.